任性出版

除了有人追、有人愛，那些對方不告訴你的愛情真相。

モテとか愛され以外の恋愛のすべて

日本知名戀愛話題的蒐集者
桃山商事——著
方嘉鈴——譯

目錄

目錄

推薦序一

關於戀愛的大小事

兩性作家／妙伶大嬸

看著身邊友人漸漸成雙成對的身影，讓落單的自己也開始承受不了寂寞想找個伴，還是一切都是月亮惹的禍，讓單身的你想在孤寂的夜裡能找個可以牽手漫步，還能暖你心的可人兒。

於是，市面上出現了有關想脫單的男男女女相關書籍，內容大多都是：如何撩妹、如何讓對方對你產生感覺、戀愛學等；而在終於覓得有情人之後，卻又在眼淚中明白，那個想像中的愛情讓你深深受傷，然後這時又出現了名嘴心理醫師系列的、專治情傷的心靈療癒書籍。追求與療癒，成就了兩性書籍的兩大主流。

每場經歷過的戀愛即為初戀後的不同版本，因對象不同而帶來不同的故事。我們會一試再試，不就是希望自己有人愛、有人關心，有人能理解我們的感受並且給予支持。當感受到快樂，分享給愛人，快樂會加倍；當感受到不愉快、痛苦，有愛人能理解、支持，不好的感受會減半。

然而，兩性跟人生怎麼會需要專家呢？每段戀愛都因為主角的不同而有不同的變化，每段關係也因為對象的不同而都是特別的！

《除了有人追、有人愛，那些對方不告訴你的愛情真相。》這本書，不同於傳統兩性書籍著重於教讀者如何談戀愛跟療癒情傷。有人追、有人愛、有關戀愛的事情，如何抱緊夢中人、如何敞開心扉，在我願意為你付出自己後，往往才是愛情的開始。

在愛情的世界裡真的有那麼單純嗎？只是一個男孩愛上一個女孩這樣而已嗎？愛情的劇本裡有人要的是安穩，有人要的是冒險，有人動不動就講出廣告般的臺詞：「鑽石恆久遠，一顆永流傳，我要跟你天長地久到永恆。」就如書中〈戀愛中的小情趣，只有彼此才懂〉所提及，有些戀人可以玩到雖帶情色卻又默契十足的情色泡泡浴，在浴室玩起情色角色扮演；有些戀人的戀愛小確幸是建立在咬咬妳的下巴、一起幫路上狗兒取名字、吃遍各大美食等。

本書第四章〈撩，是一種浪漫還是會錯意？〉提到，在友達以上戀人未滿的情況下，撩，到底是在試探戀愛可能發生的情況下，內心充滿期待的噗通噗通，或只是曖昧調情，以在增加生活的張力、樂趣，提升自信。而真實生活中，更還有自認是調情高手在自以為是的情況下，被喜歡的對象瞬間討厭，卻仍不知道怎麼出局的？

在愛情的世界裡只容得下兩個人的情況下，誰是那個想入非非的、誰是那個心中有鬼的；情人的眼淚是珍貴的道歉，還是一貫的劈腿把戲，讓你受傷。

愛情有著魔法讓人感到滿足、感到幸福，這也是世間男女一直需要愛情、嚮往愛情的原因。在每個看似相似卻又不同的愛情故事裡，大家都在找個學會讓自己如何去愛的人。這本書不一樣之處，是在讓你看完之後會深深的感受到很多章節、很多情境的似曾熟悉。是啊！這本書講的就是一個戀愛的過程、愛情裡可能會發生的事。

推薦序二

戀愛就是這麼一回事？

人氣戀愛 YouTuber 作家／SKimmy 你的網路閨蜜

看完本書，覺得日本人談起感情，總有種介於西方的奔放與東方的保守之間、游離又細緻的複雜。女生的心機可以研究到如此淋漓盡致；男生的性格分析也往往見微知著，身為臺灣人，讀來不免膽顫心驚，心想：「什麼！我當年這樣做的時候，難道對方真的是這樣想的嗎？」

作為一個喜歡閱讀情感類主題書籍的人，其實會發現談論感情的書籍內容百百種，有教學式的、小說式的、分析式的、散文式的、論文式的，當然也有陪伴式的，陪伴式的讀物往往最通俗、卻也最不易轉化。

通俗的原因在於，人人都能從這份陪伴中，窺見一點自己的影子，某些篇章裡的某幾句對白，偶然說中了心中那一回事，就頻頻點頭稱是，巴不得發到 IG 限時動態讓全世界人知道：「我的感受是對的，不是只有我一個人有這種感受。」

比如本書的第四章，就一針見血的指出調情（Flirt）的定義：「終究只是一段用打鬧嬉戲來試探的過程。」簡直說破調情驚煞人、精闢到我想不出更好的定義方式。

調情嘛，你若要說那是戀愛前的必經過程，那一見鍾情的、相親閃婚的又怎麼算？調情曖昧三個月，最後無疾而終的又怎麼算？

調情本身必須是打鬧嬉戲的，這才是調情的本質。調情之所以好玩、刺激，也就在於這些貌似不著邊際的打鬧嬉戲。而試探的部分若要成立，除非其中一方抱持著希望深入發展的想法，否則就沒有試探可言，只是一場你追我跑、我追你跑的逢場作戲罷了。

這麼一想，突然就發現很多曾經介懷的事情，其實都不必介懷了。

陪伴式的讀物，最寶貴之處就在於這樣的轉化，見故事、見自身，然後靈光一閃的想通些什麼。偶爾，也會有些無感或甚至是百思不得其解的篇章，可能會讓你對著書本吐槽：「WTF！怎麼可能會這樣？」

但那也可以說是陪伴式、故事式的閱讀體驗中，最寶貴的經驗，因為你確實接觸到了那些在同溫層之外的、與你大相逕庭的、真實存在的東西。

比如本書第一章的第三篇，講述了和男友一起出遊的女生，因為男友在重要的晚餐前先吃了炸雞塊、繼而感到男友不如自己一般重視這場約會，所以瞬間產生了失落的感受。

很多自詡「理智成年人」的讀者，包括像我老爸那種人（爸爸躺著也中槍），一定會覺得不能理解——男生餓了就填個肚子、解個嘴饞，難道不是天經地義嗎？為什麼妳要失落傷心呢？

許多時候，就是這樣的「天經地義」，讓我們錯失了同理心、錯過了包容的機會。陪伴式的閱讀，最重要的存在意義，就是多元的理解。

在《除了有人追、有人愛，那些對方不告訴你的愛情真相。》裡，我們看見了他人在戀愛中的喜悅、淚水、羞澀與沉迷，我們欣慰於那些與自身相似、理解那些看似別樣的，再用這樣溫柔的心情，去看待、擁抱我們周遭的真實世界！

和子
（組長）
1987 年生於日本千葉縣，
上班族，未婚。

清田隆之
（代表）
1980 年生於日本東京都，
文字工作者，已婚。

森田雄飛
（專務）
1980 年生於日本東京都，
上班族，已婚。

大家好，我們是「戀愛話題的蒐集者──桃山商事」，提供的服務名稱為「失戀Host」：這項業務內容有點特別，主要是傾聽女性們的戀愛煩惱，並在一旁七嘴八舌的參與討論，與她們一起思考這些戀愛問題。

我們更將這些聽來的故事與自己親身的經驗結合，在日本「Cakes」網站上連載一些有關戀愛中的雞毛蒜皮之類的文章。

沒想到戀愛的注意事項，
竟然跟「吃」有關！
咕嚕
咕嚕
咕嚕（吞嚥）
我懂！
我懂！
對對對！

本書收錄了許多在網站連載時，曾引起熱烈共鳴的戀愛話題：

- 沒想到戀愛的注意事項，竟然跟「吃飯方式」有關！
- 享受戀人未滿的曖昧？男女關係中的「撩」。
- 劈腿男就算「全裸下跪」也不會被原諒。
- 想聽聽看大家人生中，最超越極限的情慾體驗是……。
- 終於接受前男友已經成為過去式的瞬間。

這些話題乍看之下，會讓人覺得這什麼跟什麼啊？但相信有許多人，也會產生「對對對，我就是這樣……」的共鳴。

在戀愛的舞臺上，每個人都是自己故事的主角，在每一段戀愛故事中，也都曾認真的煩惱、開心、流淚、大笑……正因為如此，當我們談到「男友劈腿」或是「人生中最超越極限的情慾體驗」等話題時，其實這些話題的核心，都與人們的內心或溝通的本質有關，只要持續的深入挖掘這些話題，就能鑿通漆黑的隧道，在意想不到的地方找到出口。

即使是雞毛蒜皮的小事，只要
深入挖掘，都可以看到「人性」！
!
男友的屁
我光著屁股去
拿洗好的衣服
老婆的鼻毛

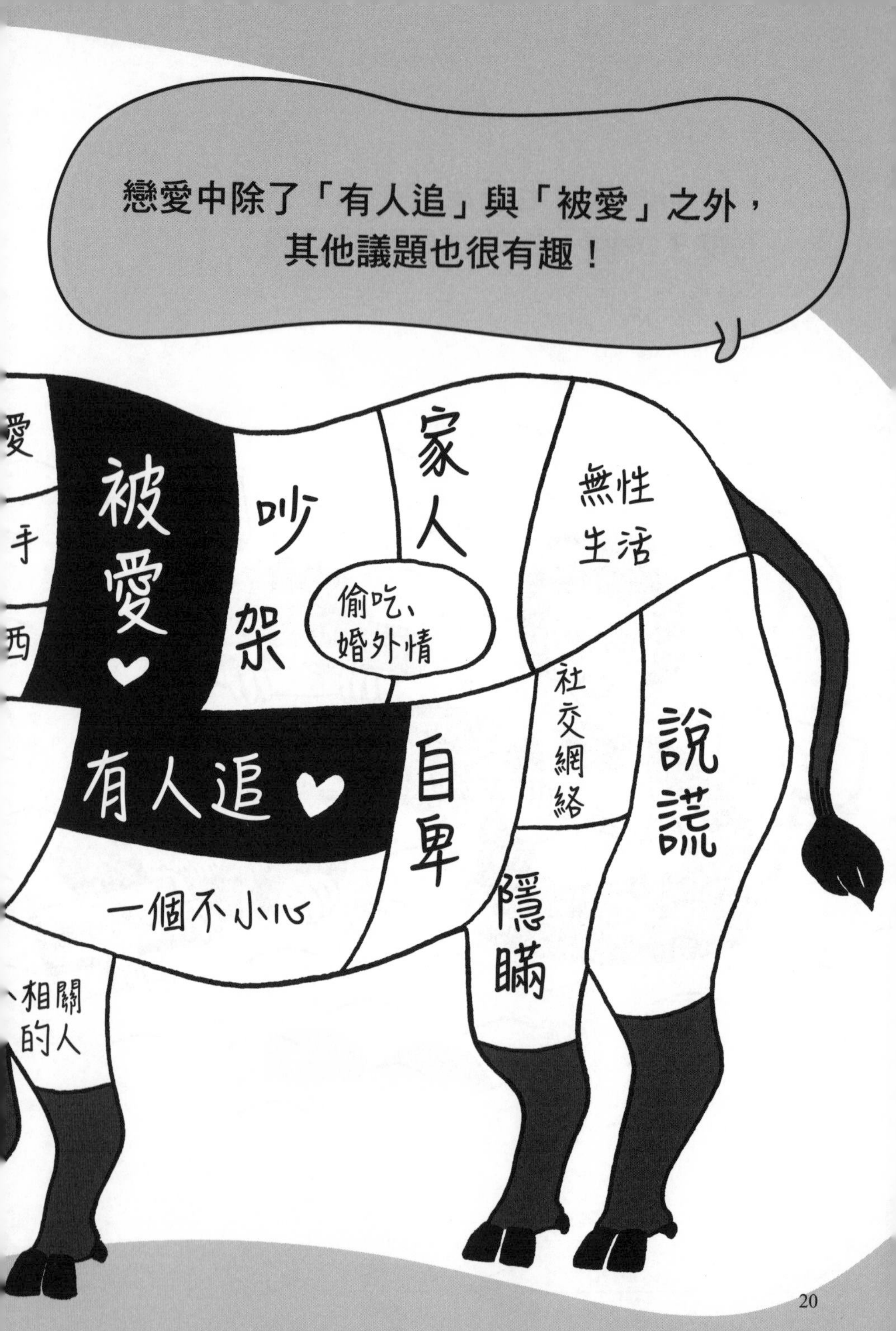
戀愛中除了「有人追」與「被愛」之外，
其他議題也很有趣！
愛
手
西
被愛
吵架
家人
偷吃、婚外情
無性生活
有人追
自卑
社交網絡
說謊
一個不小心
隱瞞
、相關的人

一般人講到戀愛議題，多半會聚焦在「受歡迎」或「被愛」這兩件事情，但只要稍微用心觀察就會發現，不論是雞毛蒜皮的小事或是天大的事，中間都隱藏了各式各樣的問題與分歧。所以在本書中，每篇都會設定一個主題，來密切討論這些主題與戀愛的關係，讓我們重新檢視自己的戀愛之道。

第一章

吃飯方式，最能看清一個人

在戀愛中，「吃」這件事就像空氣般填滿兩人世界，不論是第一次約會、慶祝生日或紀念日，甚至是再普通不過的日常生活，都與吃息息相關，所以只要稍微調整一下視角，就能從吃這件事中，看見許多被忽視的問題。

例如對彼此的吃飯方式有意見、飲食喜好天差地遠、對食物的價值觀不同等。

森田：一起用餐是戀愛中最常出現的狀況，例如在約會中安排吃飯的行程，已經成為約會的基本款，就算是約看電影或一起旅行等活動中，也多半包括吃飯。

和子：被你這麼一說，才發現真的是這樣！畢竟大家都習以為常，所以平常完全沒察覺到有什麼奇怪的。

清田：難怪推薦好店之類的話題，常常都是聊天中的熱門選項。

森田：像《能推倒她的東京好店》這種書嗎？

清田：那本書……也未免太……久了吧。

和子：現在比較常聽說的，應該是《東京Calendar》這本雜誌吧！它的網路版不只有許多新奇有趣的內容，甚至還有連載小說。其中，每一期的必備單元就是「優質男性與東京都內時尚餐飲店家」的介紹。

清田：這本雜誌不只是介紹特色店家的內容很有趣，還有各種與吃相關的主題。像是飲食喜好的速配程度，或是該不該在日式炸雞塊上擠檸檬汁等。

和子：還有最無法忍受對方吃飯的哪種方式等，超多有趣的主題。

01 對「他的吃飯方式」有意見

清田：說到對他的吃飯方式有意見，我就曾聽女性友人抱怨過，她很討厭前男友的吃飯方式。

和子：是因為吃相很糟嗎？

清田：也不是吃相很糟，反而是因為吃飯方式太龜毛，流程瑣碎到讓女方產生厭惡感。

森田：吃飯還有流程？

清田：那個男生在吃飯時，會嚴格遵守像是「小菜A↓小菜B↓白飯↓味噌湯↓小菜A……」之類的順序，雖然說這種進食方法是為了讓自己能夠達到飲食均衡，但這種吃法讓女生整個超不爽。

森田：原來還有這種用餐方法啊？這應該是為了避免小菜吃太快，結果剩一堆白飯吧？但這種吃法一般都被認為是好習慣才對啊？

和子：那女方為什麼討厭這種吃飯方式呢？

清田：那個女生說，她每次只要看見對方這麼小心翼翼的吃飯，心裡就會想：

「這傢伙的人生，該不會永遠都這麼拘束且一成不變吧？」甚至推導出「對任何事情都這麼講究公平或均衡，要嘛是一毛不拔的鐵公雞，要嘛就是害怕失敗而不敢冒險的退縮者」這種結論，更慘的是，這個男生確實有些地方都被說中了。

森田：與其說對方的吃飯方式讓她感覺不爽，不如說她真正厭惡的，是這個男人的生活方式。

和子：怎麼有點像算命？例如會這樣吃東西的人，個性多半怎樣怎樣……。

森田：也滿像心理測驗的。

和子：就像我身邊的女性朋友常說的，沒辦法把整條魚吃得乾淨又漂亮的男生大多都是媽寶，會把所有家事都丟給女生做，據說這是根據她們自身經驗所統計出的判斷方式。

清田：雖然這種說法充滿偏見，但聽起來好像也是有些道理。

和子：我那個女生朋友，就是因為遇過一些不善於處理整條魚的男性，並親身體驗過這種說法，所以日後只要遇到「點菜時會避開點整條魚，選擇已經分切好、不用挑刺去骨的菜色」的男生，她心裡就會想「這傢伙應該就是那種什麼都要媽媽處理好的人吧」，所以**整條魚的料理，可以說是驗證媽寶與否的探測器**。

清田：探測器？

和子：對啊，剛剛那個女生朋友也很討厭有人在吃東西時，先伸出舌頭去接食物，又或是在喝高球雞尾酒（High-ball）時，在嘴裡用舌頭攪冰塊，讓人受不了。

清田：我身邊的朋友中，好像有幾個也會跟冰塊喇舌……。

森田：順著這個話題，我也要說，我完全無法接受吃東西會發出很大咀嚼聲的人。我曾交過一任女友，她吃東西時的咀嚼聲超大，現在回想，當時只要一起吃飯，我就必須強迫自己不去意識到她吃東西的聲音。

清田：你會採取不聽、不看的策略，就是因為除了這件事之外，其他部分你都很喜歡，所以只好選擇忽視這點。

和子：也是會有這樣的時候。畢竟吃東西的習慣是自然而然養成，要特別去控制也不容易。

清田：相對的，我們其實也沒有權力，因為自己的個人喜好，就要求對方不要這樣做。

森田：對啊，這麼說起來，當我們眼前出現一些比較特別的食物時，清田會湊近嗅一嗅，這個動作讓我覺得不太舒服，尤其我們等等還要吃它。

和子：哇！說話這麼直接啊。

森田：呵呵呵……其實我一直有點在意這點，卻說不太出口。

清田：原來這個動作會讓你不舒服啊……我會有這個舉動，只是因為對完全陌生的食物感到有點害怕而已。

森田：也是有人會選擇直接告訴對方，請他改掉那些讓人在意的用餐習慣。例如經常在我們影音平臺「Niconico」的直播節目（按：「桃山商事」在日本Niconico平臺中的直播節目《桃山商事的戀愛桃山話語》。每集都會設定一個主題，以此來討論與戀愛有關的話題，而這些直播內容，就是構成本書的主要素材）中，投稿詢問戀愛話題的觀眾——「永遠的前輩」（森田在公司的男性前輩）就曾有過這樣的經驗，由於該前輩的女友深信吃烤焦的魚會致癌，所以常會碎念不能吃烤焦的魚。

和子：我媽也這樣說過。

森田：永遠的前輩喜歡吃那種帶點微焦的烤魚，但如果被女友看見他津津有味的享受烤魚的焦脆滋味，對方就會露出「打從心底感到厭惡」的表情，然後又嘮叨一次說：「不要這樣吃比較好，吃烤焦的東西會致癌。」

清田：感覺他女友應該是比較注重健康的人，所以才會這樣叮嚀吧？

森田：這也是有可能啦，不過讓永遠的前輩最難以認同的關鍵是，會說出這種話的女友，本身是個老菸槍。

和子：與其在意食物有沒有烤焦，應該先戒菸吧！

森田：沒錯沒錯！但對他女友來說，「戒菸」和「食物烤焦」是完全不同的兩件事，不能拿來相提並論。

02 他是吃完正宮的炒飯後，才趕過來與妳相會！

森田：接下來我要說一個女性朋友的故事，那位女性朋友跟她的男友從來不會一起吃飯。

和子：不會一起吃飯？

森田：因為我那個女性朋友，她交往的對象是個正與正牌女友同居的男性，換句話說，她當時是小三。因為那位劈腿男所從事的工作，上班時間很不規律，所以他們總是在深夜才能見面，幾乎不曾一起吃飯。

和子：這是小三常會遇到的問題，只有深夜時段才是戀人，真是有夠痛苦的。

清田：十分讓人心疼。

森田：從旁觀者的角度來看，多半會認為那種男人就丟了吧！所以當時和她同住在一起，大她一歲的姊姊，也很反對她與這位「有事才出現」的傢伙交往。

清田：不過感情這種事，只有當事人才清楚，所以外人也最好不要多說什麼。

森田：沒錯，所以過沒多久，她姊姊也漸漸不再說些什麼了。直到有一天，那位女性朋友如同往常一樣，在深夜裡化妝打扮準備出門時，她姊姊突然冒出來，揑著喉嚨用低沉的音調虧她說：「那個傢伙在跟妳約會前，可是先在家裡吃完正宮所準備的炒飯之後，才趕過來的喔。」

清田：炒飯？

森田：其實那只是姊姊的幻想罷了，但這個女生卻對這樣的想像感覺到非常不舒服，因此沒多久之後就離開那個劈腿男了。

和子：應該是因為「炒飯」這個詞太過具象，很容易讓人聯想到真實的畫面，所以才大受打擊吧？我光是想到那個劈腿男在家裡邊吃著正宮女友做的炒飯，一邊期待著等一下要和小三上床的畫面，我就十分火大。

清田：而且這樣對於同居中的正宮女友也很過分。

和子：趕快吃完這盤炒飯，再趕快去和其他女人上床，去死啦！

森田：雖然會因為交往對象的狀況，讓彼此能相處的時間有所不同，但真的沒道理讓這種「只限於深夜」的關係繼續存在。

和子：因為小三的身分，常會被周圍的人疏遠，進而讓自己變成一座孤島，這可是一件很痛苦的事。我曾經歷類似的情況，當年我第一次發生關係的對象，就是一個有婚約的人。唉，我當時也曾有過相同的感覺。

清田：真的假的？

和子：當時對方帶我到他與未婚妻同居的家裡，在上床完事後，他馬上將保險套和衛生紙塞進塑膠袋裡，並火速出門，丟到外面便利商店的垃圾桶。剛剛聽到關於炒飯的話題時，又讓我回想起當時的事。

森田：不小心喚起妳痛苦的回憶了。

和子：現在已經完全沒事了啦！雖然對於自己的存在被抹滅這種事，我的忍受度向來很高，但必須說，在忍受的過程中，自己其實也有「再觀察看看吧」的迷思。現在想起那座孤島的回憶，還滿想死的。

森田：戀愛基本上是一個只有兩人的私密空間，但在戀愛的過程中，通常也會與外界產生連結。

清田：與外界產生連結後，就會進一步創造出良好的對流，並形成人際關係的安全網。但如果長期待在不倫或外遇的孤島上，就會局限自己的想法，以為這裡就是自己的全世界，簡直就是「加拉巴哥化」（Galapagosization，是指在孤立的自然環境下，生物獨自進行演化，而脫離了一般生物進化的標準，進而產生適應性與競爭力低下的結果。出自達爾文以孤立的加拉巴哥群島作為進化論觀察對象，後被日本企業管理理論所引用）。

和子：當時就像被洗腦了，雖然自己也清楚這樣下去不會有結果，但只要對方找我，還是隨傳隨到，就這樣維持了半年左右。

森田：是因為太喜歡對方嗎？

和子：也不是，反而比較像是無法拒絕的狀態。

清田：我完全能理解。因為我也是那種非常不善於拒絕的人，如果是我遇到這種狀況，我也沒有自信能果斷拒絕對方。

森田：在這一點上，你們兩個其實還滿像的。

清田：不過在「失戀 Host」中，的確很常聽到像是炒飯男或是飛奔便利商店男，這類「只想上床，不想進行任何交流」的渣男。

和子：對於這件事，我有一個疑惑。如果只是想要射精的話，那用「TENGA」之類的自慰器具不就夠了嗎？這樣一來，本人不是也比較輕鬆愉快無負擔，為什麼非要找人來一發呢？

森田：唉，性慾這種東西，實在很難說個清楚明白。

03 在令人期待的晚餐約會前，他居然先吃了雞塊！

森田：常投稿到我們節目的觀眾「漁夫的女兒」（按：森田前公司的女同事，暱稱由來是因為她父親是漁夫）曾說過，她與男友對吃飯前的期待感，有很大的落差。

清田：吃飯前有發生什麼事嗎？

森田：這件事發生在他們計畫一同開車旅行時。本來預計會在當天傍晚抵達旅程目的地，所以兩個人已經預先找好當地的美食，並且向店家預訂好晚餐。

和子：這樣應該充滿期待又很開心吧！

森田：就在出發當天，他們在中午出門，下午四點左右，暫時停在高速公路的休息站休息，沒想到他男友竟悠悠哉哉的買了飯糰與炸雞塊，而且就這麼吃了起來。

和子：那還吃得下吃晚餐嗎？

森田：漁夫的女兒也被男友的舉動嚇了一跳，立刻問他：「咦？你現在要吃東西？」男友回說：「嗯，因為肚子有點餓了。不過不用擔心，晚餐我也沒問題的！」聽完男友這麼說，漁夫的女兒心裡感覺不舒服，心情也沒那麼嗨了。

和子：我超了解她的心情。滿心期待今晚的晚餐，整個身心靈都做好準備了，對方卻一點都不在意。

森田：沒錯！妳跟她說了一模一樣的話。女方原本為了晚餐所燃起的期待，瞬間變成只有自己一頭熱的寂寞感。

清田：的確，這樣確實會讓人有點失落。但是我也喜歡吃垃圾食物，不是不能了解她男友的心情。

和子：這裡的問題主要在於「有沒有買炸雞塊」。光是有沒有買炸雞塊這一點，就會讓人有完全不同的感受。

清田：其實站在駕駛的立場，空腹本來就會影響注意力，所以肚子餓的時候吃點東西是絕對必要的。但是她男友選擇炸雞塊，這跟必要性沒什麼關係，怎麼看都只是因為想滿足吃的欲望而已。換句話說，就像在做愛前先打手槍。

和子：原來如此，這會讓人覺得「搞什麼啊？這樣你一個人爽就好了啊！」

森田：所以我認為共進晚餐這件事，並不像她男友說的晚上一起吃個飯也行喔。**畢竟吃飯這件事的目的除了吃飯，主要是分享一段共同交流的時間。所以會想要盡可能的將自己的身心靈，都調整到最好的節奏**，這不也是很自然的反應嗎？

清田：這麼說來，為了完美的共進晚餐，本來就要抵抗垃圾食物的誘惑。但我是會輸給慾望的那種人，所以讓對方感覺到失落的經驗，應該是多到數不清了……。

04 在戀人面前，絕不碰垃圾食物

清田：有個叫速水健朗的作者，曾寫過一本書叫《左派食物與右派食物——被食物分類的日本人》（朝日新聞出版），這本書的內容主要在描述食物取向與政治意識之間的關聯。我們以這本書為依據，做了一個分類表，放在下一頁。剛剛說到的炸雞塊，在那本書裡面，被歸類為右派食物。

森田：原來是這樣，那剛剛提到的高速公路休息站，不就是右派食物的天堂？印象中，裡面賣一堆像是牛排串、當地平價美食等食物。

清田：我是個不折不扣的右派食物信奉者，對這類食物喜歡得不得了。只要肚子一餓，對炸雞、牛排串等食物可以說是毫無抵抗力。

森田：和子是美食愛好者，平常也會吃右派食物嗎？

和子：基本上我算是食物左派。但是當工作太累的時候，我也喜歡與朋友一起狂嗑垃圾食物，約大家一起吃壞東西。

清田：就像「今天用拉麵來畫下句點」這種習慣，很多右派食物都會在這種時刻從腦海中浮現。我以前就曾經被嘴賤的朋友攻擊過，說吃東西不要像豬一樣。

左派食物與右派食物

左派食物	右派食物
素食料理 有機蔬菜 慢食生活（Slow Food，是卡洛斯．佩特里尼〔Carlo Petrini〕所發起的飲食改革運動，主要概念為美味、無汙染且製造食品的過程中，對環境無害、合理明確且食物生產者可以獲得合理的酬勞與工作環境）。 地產地銷 養生飲食法（Macrobioti，又稱為自然飲食法，是由日本飲食研究者櫻澤如一所提倡的飲食與食療法。由廣大的〔macro〕、生命的〔bios〕、方法〔tic〕等字根組合而成。主要在檢討日本日漸西化的飲食習慣，並主張重回以糙米、豆類、蔬菜及海藻為中心的飲食方法）。	連鎖拉麵愛好者 基因改造食品 速食 平價美食 垃圾食物

參考《左派食物與右派食物——被食物分類的日本人》（速水健朗著）一書，所製成的圖表。

和子：才不是這樣，能吃得像豬一樣也很好，我常常一邊泡澡，一邊吃碗裝的日式炒麵。每當這個時候，心情會不可思議的好起來，而且在浴室裡，要把泡過麵的熱水倒掉也很方便。

森田：這麼說是也滿合理的。

清田：在攝取這些高油脂、重口味的右派食物時，其實就是在簡單快速的解決掉自己的欲望。跟用錢買來的快樂一樣，跟買春也有點像，畢竟能讓人分泌出大量多巴胺、讓人心情變好，在某種程度上就像興奮劑。

森田：這確實有可能會上癮。

清田：想像一下，油亮亮的豚骨拉麵、充滿蕃茄醬的日式拿坡里義大利麵、撒滿起司的牛丼等，在吃這些撩人的「性感食物」時，總會有種不好意思的罪惡感，也不想被人看見，所以通常只有在自己一個人的時候，才敢放心大口享用。

和子：我的女性朋友們也會這樣，絕對不敢讓老公看見自己吃垃圾食物。只有自己一個人的時候，可以大口吃酥脆的煎餃，但是當老公在場時，就會用心準備好沙拉與配菜等為料理擺盤增色。

清田：這個我懂，在老婆面前我也會猶豫該不該吃右派食物，畢竟我老婆是食物左派，所以我心裡多多少少還是會有點自卑感。

森田：清田除了吃東西這件事，整個人整體來說比較偏向左派，就連穿衣服也個性十足。之所以會感到尷尬害羞，應該是因為自由主義的價值觀，卻配上極右派的飲食習慣，這兩者造成了矛盾所致。

和子：那清田你跟食物左派的妻子，會因為食物而產生摩擦嗎？

清田：好像沒有過耶！有時候太忙，我老婆也會說出：「就去吉野家隨便吃吃好嗎？」像這種邀約就十分讓人期待，畢竟平常很少機會能吃到外面的連鎖速食，所以反而覺得很新鮮也很特別。

森田：原來如此，這樣或許也是個不錯的平衡方式呢！

05 自以為是的美食男真面目

森田：和子，在妳目前所交往過的對象中，有跟妳飲食喜好相近的人嗎？

和子：剛分手不久的前男友，就是個「貌似美食家」的男性，我們之所以會在一起，也是因為同樣都對吃感興趣。

清田：原來如此。

和子：我們只要一聊起有關美食的話題，兩個人就非常投緣，但是除此之外，在其他所有的價值觀上，我們都合不來。

森田：如果有相同的飲食喜好，相處起來不是應該要特別契合嗎？

和子：不！完全沒有這回事。其實就連我們之間最重要的共同興趣「吃」這件事，在我們相處後，也讓我開始萌生出許多疑惑。乍看之下，我前男友是個對吃很講究的人，他不只是美食部落客的追隨者，還用手機 App 記錄了高達一千家左右想去吃看看的店家。而為了能有機會去這些餐廳用餐，他更自願擔任公司聚餐的召集人，並在到訪這些店家之後，還會逐一記錄他給店家的評價。

森田：這麼熱血啊？

和子：但是，他對日常的飲食卻一點都不講究。例如在這個時間點，哪家店有位子，他就去哪家店吃，有時甚至連續好幾天都去同系列的連鎖餐廳吃飯，或是乾脆窩在家裡吃泡麵也不以為意。這不禁讓我覺得，他只是用美食來裝模作樣罷了，在日常生活中，他根本不把吃當一回事！所以我也漸漸覺得他在美食上，似乎沒什麼個人信念。

清田：我也是那種常去「Suta 丼飯」或「花丸烏龍麵」之類的連鎖快餐店，簡單能填飽肚子就好的人，所以說不出什麼了不起的見解。但這樣聽起來，我非常能夠理解，為什麼你會覺得他虛有其表。因為對他來說，美食這件事，與其要說是探索或想研究，他其實更在意的是想藉此獲得他人的認同。

和子：對，就是這樣！與其說他熱愛美食，其實他更想展現自己在別人眼中是個美食達人的「樣子」。我還為了他要去聚餐，一起幫他找餐廳、做功課，現在想起來真令人火大。

森田：妳前男友所謂的熱愛美食，大概跟妳想像的不一樣。他似乎不是妳想的那種會被熱情所驅動的美食派。

和子：沒錯，而且到最後，他究竟是不是真心喜愛美食這件事，依舊是個謎。話說森田，你跟太太的飲食喜好算是和得來嗎？

森田：我老婆也是屬於會受到熱情驅動的美食愛好者，在飲食上我們有些地方很接近，但是也有處不來的地方。例如我雖然對吃也感興趣，但就不像我老婆這麼狂熱執著。順帶一提，我老婆這輩子還沒吃過麥當勞的漢堡咧，一次都沒有過！

清田：竟然沒吃過這麼美味的食物！

和子：你這反應也太誠實了吧。

森田：我還記得第一次聽到這件事的時候，心裡也有些疑惑，會擔心跟這個人能走得下去嗎？

和子：老實說，因為我爸媽家庭教育的關係，所以以前也沒吃過麥當勞，直到高中才第一次嘗試。記得當時剛升高中不久，同學們相約一起去麥當勞，我超興奮的。但為了不被別人發現我是第一次走進麥當勞，所以拚命表現出一副理所當然的樣子。

森田：是覺得萬一被朋友知道家教很嚴格，所以感到害羞嗎？

和子：其實這跟家教完全無關，因為我媽從以前就對飲食非常神經質，她是所謂的完全素食主義者。所以基本上，我家每天餐桌上的料理和別人家都很不一樣，更不用說什麼垃圾食物了，這也是我當時絕對不想被朋友們發現的事。當然啦，關於完全素食主義者的家庭，也是會有一些各式各樣的趣事，像是吃過最甜的點心是烤蕃薯之類的。

清田：因為糖對身體不好吧？

和子：所以當時我對垃圾食物有強烈的憧憬。例如熬夜K書時，我會在黎明前

在國道旁的便利商店前，正與卡車司機一起吃著泡麵的高中生和子。

穿著睡衣偷偷跑出去，一邊聽著深夜廣播節目，一邊走到離家約十五分鐘的便利商店買甜食或垃圾食物等。那個便利商店在國道旁，所以我就在停車場邊跟卡車司機們一起坐在外面吃泡麵。

清田：天啊！

森田：我對和子與媽媽的關係很感興趣，之後還請多多分享有關的內容。

06 飲食話題也能引爆高潮

和子：先回到剛剛說的麥當勞話題，有關我小時候沒吃過漢堡這件事，那個疑似美食愛好者的前男友，在聽到之後也立刻附和說他也是，因此我們兩個人一拍即合聊得很開心。雖然最後我們在許多事情上都不適合，但在那一瞬間，我深深感受到我們的心意彷彿相通。

清田：這就像我們桃山商事所創造的專用語「對話高潮」（Communication Orgasm，簡稱 CO，是桃山商事自創的流行語。意指透過聊天或溝通，讓對方獲得強烈的情感共鳴，並因此感到療癒與興奮）。

和子：沒錯！這完全就是 CO。或許就是因為那一瞬間的感受太棒了，所以才會決定跟他交往，可能就像篠田麻里子的糙米婚（按：日本女星篠田麻里子在發表結婚宣言時曾提到，和老公在第一次約會聊天過程中，發現彼此有許多共同點，其中之一就是兩人都是吃糙米長大的，因此這段婚姻被日本網友戲稱為糙米婚），同樣讓人感到興奮……。

森田：兩人之間有著類似的生活飲食經驗，確實會讓人很興奮。

清田：但是在我個人的戀愛經歷中，幾乎沒發生過跟飲食有關的CO。我對食物好惡分明、有過敏體質、除了魚以外的海鮮幾乎不能吃，再加上我的味覺遲鈍，對「艱澀」的食物更是不擅長。所以能跟我一起因為食物起共鳴並因此感到興奮的，也只能是熱愛右派食物的男性友人了。

和子：我第一次聽到有人用「艱澀」這個詞來形容食物。不過，像清田好惡這麼明顯的人，應該無法接受香草、辛香料或風味特殊的日本珍味小菜吧？

清田：那些都不是適合外行人的食物吧？我的主食大多是漢堡、炸雞塊、牛丼、拉麵、咖哩、炒飯……咦？竟然都是咖啡色系的。

森田：應該說清田的飲食習慣比較像小朋友，又或者應該說是比較男性化的食物。那平常在生活中，有因此發生過什麼狀況嗎？

清田：因為過敏跟挑食的緣故，所以跟我一起吃飯的人，常常會被剝奪吃飯該有的樂趣，對於這件事我實在很抱歉。但是當別人說：「不能吃蝦子的人，人生樂趣只剩一半！」又會讓我非常不爽。

和子：很多料理都會有蝦子，如果不能吃蝦的話，真的很辛苦，不像香菜只要挑出來就好。

清田：在挑掉討厭的食材時，來自周圍的視線也很可怕。例如被看見正在挑掉香菜或小黃瓜，就十分讓人害羞。

森田：小黃瓜應該不會太難入口吧。

清田：這單純是個人喜好的問題啊！看吧，就是會有這麼嚴苛的嘴砲，所以在約會時，我偶爾也會裝模作樣一下。例如原本想吃漢堡，但是怕丟臉而說不出口，這時我就會換個方式，改用「聽說最近有一家在網路上很紅的店」或是「有一家老字號的洋食店」之類的說法，糊弄對方一起去吃漢堡。

森田：真是有夠裝模作樣的！

清田：總之，我不能吃的東西太多，所以要避免因此產生爭執。況且，撇除過敏這件事，挑食向來都被認為是一種任性的行為。

和子：我覺得不管是討厭還是會誘發過敏，都是沒辦法解決的問題，不用太勉強自己。

07 一頓保麗龍料理的悲劇

清田：說到戀愛中跟飲食有關的話題，我想到一個跟錢有關的例子。我們在吃飯的時候，常常會在心裡面想著：「這頓餐點的品質，得付多少錢呢？」但是心裡估算出來的數字，往往跟實際價格有落差。

森田：從彼此花錢的方式，就可以看出兩人的價值觀差異。

清田：我曾經因為這件事與前女友吵架。當時，前女友的童年玩伴邀請我和前女友參加他的生日會，用餐地點是一家超高級的中華料理餐廳，所以參加的費用是一個人兩萬日圓（依二〇二〇年九月十七日當天公告為準，一日圓約等於新臺幣〇．二七元，兩萬日圓約新臺幣五千四百元）。

和子：超貴，有夠狠的。

清田：而且當天所端出的料理，不是蝦子就是海鮮貝類，都是一些我不能吃的食物。但考慮到當天的氣氛以及我的立場，我也說不出這些我都不能吃，所以最後能吃的只有一道放在乾燒蝦仁旁邊、白色薄片像是保麗龍的料理。

和子：那道保麗龍料理要價兩萬日圓！

清田：對前女友來說，這是她多年好友的慶生會，所以花這些錢也不算奇怪。但我跟對方又沒什麼交情，外加這筆錢對當時拮据的我來說，是一筆很傷的開銷。哪怕心裡覺得，如果我對這件事有意見，好像會有點小氣，但是在回家的路上，我還是忍不住的抱怨，而這也讓兩人的關係變得有點緊張。我覺得像這樣**對花錢的態度，如果兩個人不在同一個共識或基礎上，會很難繼續維持戀愛關係。**

和子：我懂。因為我的飲食花費在整體開銷中，占了相當大的比例，如果另一半也是這樣的話，相處起來應該會比較順利。

森田：以我的狀況來說，我跟美食家老婆的飲食喜好基本上都差不多，但在花錢吃東西這件事情上，就不太一樣。這一點我老婆也知道，所以如果要去高級餐廳，她會自己找朋友一起去。另外，因為我不吃牛肉，所以我們也不會去一些以牛肉料理為主的餐廳。我們不會勉強對方非得共享所有事情。

清田：是這樣啊！那你們就不會發生那種被強迫去吃高級中華料理的事情了。

森田：每個人在戀愛與飲食上多少都有點不同，正因為有這樣的差異，所以當遇到兩個人都感覺不錯的地方時，就會特別興奮。

例如在結婚之後，我們住家附近有一間頗為特別的餐廳，他們以葡萄牙菜與咖哩料理為主，那間店不論是口味、價格或店內的氛圍都十分符合我們兩個人的愛好。以至於原本不太外食的我們，因為太喜歡這間店，所以每週都會去吃個一、兩次。甚至為了這家店，哪怕現在住的地方上班通勤不太方便，我們還是無法搬家。

和子：這也太誇張了！我幾乎沒有這樣迷戀過一家店。就算是日常三餐，我也會盡可能去各種不同店家吃吃看。

森田：真不愧是美食家，這就是和子對於發掘美食的態度吧！

和子：這也正是我跟那位「疑似美食愛好者」的前男友，決定性的差異。

清田：所以兩個人的差異點，可分為「可接受」與「不管怎麼樣都會在意」！而個人的飲食習慣或對於食物的看法等，在戀愛或婚姻中，也會衍生出許多不同的狀況。這樣說起來，或許某一天我會變成敢吃香菜的人……。

第二章

錢景不同，如何維繫感情？

在戀愛中，金錢觀是最容易引發紛爭的導火線之一，例如約會時誰該付錢、消費與花錢的方式、收入或對未來的規畫等話題。有許多戀愛中的紛爭，都源自於對金錢或理財價值觀的不同。

清田：談到跟錢有關的事，總會覺得有些赤裸，畢竟平常較難碰觸到這話題。

和子：例如討論收入之類的事，其實都滿敏感的。

清田：原本跟錢有關的領域，就已經很容易被迴避了，更何況還要牽扯到戀愛，那就更麻煩了。

森田：由於對錢的態度，會直接反應出個人的價值觀。所以一個人的消費行為與花錢的方式，也會反映在戀愛觀上，或是否受到社會性別標籤的影響。

清田：這些都是戀愛中會產生歧異的原點吧？

和子：簡單來說，我就很介意請客與被請客的問題。

森田：這個問題從很久以前就已經是男女爭論的熱門話題了。

清田：不過相對於以前來說，現在社會上對於請客與被請客的觀感，已經出現極大的改變。在以前，也就是泡沫經濟時期，常會聽到「是男人就去付錢」，這些讓人倍感壓力的說法，又或是「女人就該有女人的樣子」，能讓男人在自己身上花大錢，就是成功女人的最佳證明。

森田：不過，即使是現在，在交友社群或軟體上的普遍觀點，多數的人還是認為第一次約會，本來就應該是由男生請客，不是嗎？甚至聽說在交友軟體的個人資料選項（參考左圖）中，還有一個「初次約會的費用由誰出」的欄位，大家幾乎都勾選「男方全額支付」或是「男方付大部分」的選項。

婚姻狀況：單身（未婚）	個性、興趣與生活
子女狀況：無	性格類型：開朗
結婚意願：希望在2～3年內結婚	社交習慣：快熟型
是否想要小孩：想要	居住狀況：一個人住
家事與育兒責任：想積極參與	休假日：不定期
見面意願：只要談得來就想見面	飲酒習慣：會喝
	是否抽菸：不抽
初次約會費用：男方全額支付	興趣與嗜好：旅行、運動

交友 App 中常見的「男性個人資料」範例。

和子：我有用過「Pairs 派愛族」這款交友App，事實上還真的是這樣。

森田：我有個女性朋友也是那款 App 的使用者，她還曾經說過：「初次約會如果不讓男性付錢，會傷了對方的自尊心。」

和子：嗯，這應該是因人而異。以我個人來說，不分青紅皂白的讓對方請客，會讓人感覺有點討厭。畢竟是被招待的一方，所以總會覺得拿人手短，吃人嘴軟。

清田：吃人嘴軟？

和子：就是在約會時，身為女性必須要稱讚男性或是幫忙倒酒等，營造出讓他們吹噓當年勇的氛圍。雖然我都把這種為了讓場子熱絡，而刻意做出反應的舉動，叫做「你好棒棒型態」，但我有時候也會不知不覺的做出「你好棒棒呦（沖繩腔）」的反應。

森田：你這樣沖繩人會生氣喔！

01 一起用餐，誰該買單？

森田：和子的年齡大概是三十歲出頭，而我跟森田則是四十歲左右，在我們這一輩，似乎都還留有「是男人就該付錢」的觀念。但我聽說，對於現在十幾、二十歲出頭的年輕人來說，比較習慣各付各的「ＡＡ制」，不知道實際狀況怎麼樣？

和子：之前因為工作的關係，曾跟一位十六歲就在東京六本木創業開公司的高中生社長碰面，他曾說，他跟女友一起出外吃飯時，通常都是各付各的。

森田：這聽起來很有新世代的感覺。

清田：或許在他們的腦子裡，根本就沒有請客這個選項吧？

和子：我後來也問了其他年輕人，甚至聽到有人說多半都是幫女朋友慶生時，才會付全額的費用請對方吃飯。這讓我意外發現，年輕人的請客文化還滿傳統的呢！

清田：這種毫不掩飾的請客方式，還真的有點老派。

森田：就像是直接在別人面前掏出現金買單一樣。

清田：對呀，我們這一輩的如果要請客，還有一些人會刻意不說：「我請客！」或避免直接掏現金出來買單，反而會用比較迂迴的方式。例如我某個男性朋友，他會事先準備好餐廳的優惠券，或是股東會的紀念餐券，然後用「我手邊剛好有免費的餐券，要不要一起去吃吃看」的說法，邀約心儀的女性一起用餐。

和子：這是想要展現自己是餐廳股東的意思嗎？不然做到這種程度，也太讓人看不出來他想請客的意圖了吧？這麼超現實的表現方式，背後的動機究竟是什麼？

森田：他用這個藉口想要表達的是「這餐券是股東優惠，所以不用太在意」，並想藉此消除自己內心的疙瘩。

和子：他為什麼內心會有疙瘩？是因為他想要請對方吃飯，但又不想被對方發現自己別有用心嗎？

清田：實際上，應該沒有人會真心誠意的喜歡請客這件事。之所以用優惠餐券這種藉口，其實只是想要解決該不該買單的困擾，畢竟是自己約對方出來吃飯的，如果主動掏錢買單，擔心會讓對方覺得自己愛表現。但如果要求ＡＡ制，又怕被對方認為自己是小氣鬼。我也曾經有過這樣的煩惱，所以多少能理解他的感受。

和子：這情緒也太複雜了！如果有「完全不希望你在意」的心情，那還不如直接用ＡＡ制就好。

森田：對和子來說，被別人請客這件事，會讓妳覺得欠對方人情嗎？

和子：有，而且非常強烈，強烈到我當下就想跟對方把這筆帳結清。因為我打從心裡不想欠別人。

清田：有些人會覺得被請客也沒什麼，他們應該不會出現這種情緒。

森田：一旦覺得自己虧欠別人，就會想回饋一點什麼給對方，如同剛剛說拿人手短的好棒棒類型一樣。又或許請客的那個人，也正期待著這樣的反應。

清田：我自己是覺得，會像和子一樣考慮到這種程度的人，應該很少吧！實際上一般人的反應，應該會比較接近是男人就應該要付錢請客，並且擔心如果不這樣做就會被當成小氣鬼，所以才甘願買單付錢，這種迷思比較常見不是嗎？

森田：會掏錢買單的人，應該有可能是在無意識中，想展現出很有男子氣概的樣子吧！

和子：總之，我還是希望大家能向高中生社長看齊！

02 男性八千五、女性八千，這是什麼收費方式？

森田：但是現實生活中，大家比較容易被「是男人，就應該要付錢請客」的觀念影響，因為進一步來討論，女性朋友們通常會說：「女生準備出門時，所要花費的成本比較高啊！」

清田：作家伊藤春香就曾經說過「女生不論是上美容院或化妝保養等，都得花上不少費用，所以餐費本來就應該由男生來負責」，這個論點在部落格上也引發熱議。

和子：她甚至還具體的計算出，女生平均一個月在美容保養上需要花多少錢。

清田：我曾經跟年收入是我三、四倍的ＯＬ聯誼過。但就算是這樣，聯誼會的費用也是男生付八千日圓，女生付兩千日圓。哪怕決定這個參加價格的是男生群的負責人，跟參加的女生們無關，但是受到兩極化社會與社會性別標籤的雙重打擊，還是讓我沮喪不已。

森田：確實有這麼一回事。記得當時我跟清田一起合租同住，你一回家就馬上跟我抱怨這件事情。

清田：因為我當時真的悲憤交加、感到受傷。畢竟要年薪不到兩百萬日圓的我，負擔八千日圓的餐費，荷包真的很傷啊！

和子：沒錯！不管是付錢的一方，還是被請客的一方，都很難受。

森田：說到男女參加費用不同的話題，就想到我之前，曾經去參加一場公司男後輩同事在婚宴後的二次會（按：日本的婚宴活動一般分為一次會與二次會。一次會主要是邀請雙方家長及長輩們參加，而二次會主要是邀請與新人較熟的親友們參加），當時他們所設定的參加費用是男生八千五百日圓、女生八千日圓。

和子：只差五百日圓？這是個很微妙的費用設定。

森田：原本男方是希望參加費用能一致，但女方主張「女生在準備出席活動時，所要花費的成本比較高，所以希望在參加費用上，男女能稍有不同」，最後雙方取得共識，就變成這樣的結果。

清田：雖然實際上雙方費用都差不多，但仍保留了男生多出一點的概念。

和子：好吧，但我對於因為是女生，所以該少付一點這件事情，還是有點疑惑。

清田：對妳來說，少付一點這件事，會讓妳不舒服？

和子：因為不知道這種觀念的根據到底是什麼？所以難免會讓我心裡有點疙瘩。畢竟我去參加婚禮時，也沒有特別花什麼錢去美容院或做造型啊！

森田：所以也不是每個女生都一樣，各式各樣的人都有。

和子：要不然就乾脆直接寫「如果有人為了參加這場活動而特別去美容院，就優惠只收五千日圓喔」，這樣不行嗎？

森田：那到時候出席活動，還得拿收據核銷。

清田：就像是學生有特別優待一樣。不過每個人願意投資多少費用在穿著上，標準都不太一樣。有像我這樣穿著連鎖品牌「AOKI青木」的現成西裝，就出席活動的人；也有非穿著超合身訂做西裝才肯參加活動的人，這實在是個難解的問題。

森田：但是單純因為男女的性別來區分費用，總是會讓人覺得哪裡不對勁吧！

03 為了陰道而買單

清田：說到這件事，我就想到之前曾聽一位男性朋友抱怨說：「我實在想不透，為什麼開房間的錢，都非得由男生出。」因為他在交友軟體上約砲時，通常都要付房間錢。如果只是偶爾的一夜情就算了，但就算發展成長期的砲友關係，也一樣都是由他來付錢，這讓他無法理解付這些錢，到底是為了什麼？

和子：當然是為了陰道啊！

森田：好直接。

和子：我以前跟男人一起去飯店開房間，在飯店櫃臺拿出房間費用的一半要跟對方平分，沒想到對方卻很強勢的說：「從來沒看過女人要 share 房間錢的，這不用妳出。」之後就覺得這費用好像本來就該男生付。

清田：他這樣做是很 man 啦！不過「男人本來就該付這個錢」，似乎已變成一種社會上的默契了。或許是基於誰想做誰付錢的原因，但是這樣說起來，應該是大家通常都會認為男生是想做的那一方，而女生在這件事情上比較被動。

森田：那如果是女性比較想做的話，該怎麼辦？

和子：我大學時有位女性室友叫 Aba，她十分熱衷性愛，也有很多個床伴。她跟床伴們都會直接約在飯店見面，彼此也有著誰先到就誰去付錢的默契，所以有時也會自己付開房間的費用，她就曾說過：「我正在累積連鎖飯店的消費點數。」

森田：可能是雙方都表達了「想要來一發」的意思，所以平分房間費用很自然。

清田：就算是這樣，為了這個去辦集點卡，也太務實了。

04 是男人，就該「課金一發」

和子：那男生們又是抱著什麼樣的心情，去付開房間的錢呢？

森田：這點應該因人而異。不過一般來說，男生在付錢時，多少有著「畢竟是這種事」的心情。

清田：那反過來說，女生看著男生在汽車旅館的售票機旁付錢時，心裡的感覺又是如何呢？是覺得理所當然？還是會在心裡說謝啦？又或是感覺什麼地方怪怪的？

和子：這應該也是因人而異。但是對我來說，我很討厭那段等待的時間，畢竟在那個場合說謝謝，好像也很奇怪。而且就像我剛剛說的，如果對方付錢是為了我的陰道，我就會因此胡思亂想著「我對自己的陰道好像也沒那麼有自信……」。

森田：那之後上床時會有壓力吧？

和子：沒錯，就是這樣。

清田：如果討論對方付錢，那我要付出什麼？這樣想確實還滿可怕的。但是比起吃飯，「開房間的錢應該由男生來付」的觀念根深柢固，實在也很難開口說要採用AA制。

和子：明明只差在有沒有射精，為什麼會有這種觀念上的落差呢？

森田：呃……妳這說法也太露骨了吧，雖然這樣說也沒錯。

和子：本來就是啊，吃飯時「因為男生的食量比較大，所以要分攤比較多錢」，這種說法還勉強說得過去，但是性愛並不是這麼一回事啊！難道「一發」也是「課金制」？這還真是個謎。

森田：「課金一發」讓我嘴角失守，不過這樣的形容十分傳神，把付錢跟射精連結在一起，說起來跟特種行業的結構還挺類似的。

和子：就是因為這樣，所以我才壓力大啊！畢竟對方都花了錢，那一定得提供等價的服務來滿足對方才行，不是嗎？但我對自己完全沒有自信，能提供與專業人士同等級的服務。

森田：如果把開房間的錢想成是課金一發，那關於吃飯時「請客與被請客」的問題，也能完全連結起來了。畢竟從課金一發的思維來看，不難看見因為是男生所以要付錢請客，以及因為是女生所以要被動接受請客，這二分法確實有它存在的理由。

清田：就是說啊！男生為了想得到上床的機會，中間吃飯、約會等，都是為了達成這個目的的過程，所以才會衍生出「是男人就應該要買單付錢」的想法。換句話說，為了淡化開房間的企圖，才有請吃飯的前奏。

和子：說到底就是為了上床這個目的，這樣應該會有女生覺得被請客真是噁心。

清田：等等，我突然想到，如果已經是情侶，那一般來說，飯店費用多半會採用ＡＡ制吧？我跟女朋友去飯店過夜時，費用都是共同分擔的，你們也會這樣嗎？

森田：好像一般都是ＡＡ制的樣子。如果在約會時讓男生付全部的錢，不是會讓人有像被包養一樣不舒服的感受嗎？

清田：所以說，情人與砲友大多是ＡＡ制。除此之外的關係，基本上都由男性全額買單，會產生這樣差異的究竟是什麼呢？

和子：咦？這麼說來，還沒有交往就被請客的我，也有種像是被包養的感覺。這真是讓人不舒服，好想退還對方一半開房間的費用！

森田：妳看起來真的很後悔。說到被包養之類的話題，跟是男人就應該買單付錢的說法，這同樣都是性別權力結構不對等下的產物，同樣都讓人感覺到不舒服。

就像男女同工不同酬的狀況仍然持續著，這也讓「男人就應該買單付錢」的意識型態深植人心。乍看之下，這對於男女雙方都形成了約定俗成的默契，但更進一步討論，權力大多掌握在經濟強勢的那一方。所以當我們說「男生就該……」，實際上是反應了社會結構的性別失衡。如果這種社會現象，又用「像個男人，就應該要……」這種模糊的概念掩飾，就更難被看見了。

和子：原來如此，終於有點明白，讓人感到不舒服的究竟是什麼了。

05 花大錢治裝，從沒穿給男友看

清田：說到買東西這件事，我就想起一個痛苦的回憶。我在年輕時，曾經對前女友做過一件十分過分的事。

和子：那你就好好告解一下吧！

清田：當時的女友常常覺得自己對流行趨勢的掌握度很低，所以她的穿著多半是牛仔褲搭配 T 恤為主。

和子：聽起來她應該不太會去選擇裙裝之類的穿著。

清田：沒錯。因為她很介意自己的娃娃臉以及屁股又扁又小，甚至因此感到有點自卑，認為自己無法駕馭比較有女人味的穿搭。某一次，我們在逛街時，看到某精品店裡有一套超可愛的綠色連身洋裝，我當時非常想要看她穿穿看。

森田：綠色系的衣服很挑人穿耶！感覺那是一件充滿特色風格的洋裝。

清田：那件洋裝超可愛，而且我也覺得前女友穿起來應該會很適合，就強力的推薦她試試看。到目前為止聽起來都還好，但糟糕的地方是我推薦跟說服她的方式。我現在想起來，還是會覺得自己當時太自以為是，因為我竟然對她說：「只要妳能駕馭這套洋裝，就能開拓自己特色穿搭的風格了，還不快去試試看？」

和子：「開拓」是什麼鬼？

森田：這種推薦方式也太自以為是了吧……。

清田：而且那套洋裝的定價要兩萬日圓。平常不太買高價衣服的她，就在我的強力推銷下買了這套洋裝。

和子：等等，按照你剛剛的說法，我還以為是你要買來送給她的，結果你竟然讓她自己付錢？

清田：沒錯，她花了兩萬日圓買下那套洋裝。但一次都沒有在我面前穿出來過。

和子：為什麼會這樣？

森田：應該是她有什麼過不去的地方吧？

和子：或許是因為你說應該能開拓不一樣的穿搭風格，讓她陷入「如果我的穿搭風格一直都這麼單調，那就糟糕了」的焦慮中。

清田：我後來也在 Niconico 的直播節目中，被觀眾留言批評說我真是自以為是的說教男，是很中肯沒錯啦！

森田：自以為是的說教男英文是 mansplaining，這個流行詞是指男性在面對女性時，以上對下的態度恣意說教，又或是自以為對方無知，所以嘮嘮叨叨的解說碎念。例如那個女孩想穿什麼、適合穿什麼。你的前女友應該最明白她自己的風格，但是忽然被自以為是專家的清田亂給建議、出意見，這感覺實在是……。

清田：我曾經在藝文雜誌《SUBARU》寫過一篇關於《愛說教的男人》（*Men Explain Things to Me*）這本書的書評。當時在文章裡面寫下了「全天下的男人都應該讀這本書」這樣的豪語，沒想到自己卻還是對女朋友自以為是的說教了，唉……。

森田：算了啦，畢竟這已經是十年以前的事情了。

和子：這真是打臉自己！

清田：我沒有什麼可以辯解的。

06 和女友一起購物，我老想偷看標價

森田：從買東西這件事，常常能發現男女觀點的差異。例如前面提到過的觀眾「永遠的前輩」，他就說過跟女朋友一起去買東西時，對於什麼時候能偷看標價而感到苦惱。

清田：沒錯，這我能理解。

森田：永遠的前輩說，他其實一拿到衣服，就想先看標價，但又不想被身旁女友發現這麼不上道的行為，就這麼在心裡反覆糾結，萬一最後因為價格太貴而買不下手，豈不是更難堪了。

和子：如果真的因為價格太貴而買不下手，這樣真的好像有點糗。

森田：所以他才想要表現出「不是因為太貴而不買，而是因為沒有很喜歡，所以不買」。

和子：尤其在某些高檔名品店，很難找到偷看標價的時機。

森田：永遠的前輩在年輕時，就曾經**先在雜誌上找好自己喜歡的衣服，到約會當天再前往那家服飾店**。但是在這個過程中，他絕對不會告訴女友自己已經看過雜誌，

而是在對方面前拿起預先看中的衣服說：「這件衣服好像很不錯。」裝出彷彿是在服飾店中，一眼就看上這件衣服的樣子。

清田：就像只拋出一次竿，就這麼剛好釣到魚一樣。

森田：然後他為了展現出自己是個果斷的男人，會立刻拿著衣服去結帳。這種做法的好處超多，先不說這件衣服被雜誌選中，等於有專業人士掛保證。幾天之後，他還能裝模作樣的向女友炫耀：「之前買的那件衣服，雜誌上也有介紹。」

清田：這種裝模作樣法還真是毫無破綻，雖然有點奸詐，但不失為一個可行的方法。

和子：聽完這個故事之後，我會覺得有必要做到這樣嗎？

清田：假如妳男友因為看到標價後選擇放棄不買，那妳會怎麼想？

和子：我也看過有些男生會說「真是個好價錢」，這句話不知道是什麼意思，但我一般來說都不會多想。不過如果發現對方在看過標價之後，若無其事的偷偷把衣服放回架上，應該也會覺得對方有點遜。

清田：其實有時候我也滿常裝模裝樣。畢竟大喇喇的翻看價錢，會讓人有點難為情，所以我會一邊說：「這應該可以直接放進洗衣機洗吧？」一邊假裝自己在看洗滌標籤，並偷看標價金額。

和子：這演技也太妙了，在上一章，清田也曾經說過原本就想吃漢堡，卻用呼攏的方式約對方去店裡的事。沒想到清田還是個演技派！

清田：完全遺傳自我媽。

森田：清田的媽媽躺著也中槍。不過想裝模作樣的心情我也能理解，因為我如果在拿起商品看到昂貴的標價時，也會表現出一副完全能理解的樣子，搭配「因為是好東西，所以才賣這麼貴」的表情，加上認同的點頭動作，然後一邊把東西放回原位。

和子：這是在表演了解商品價值的男人嗎？真是假鬼假怪。

07 名牌包的逆襲，害我被甩了

清田：說到裝模作樣，我想起一件集結了購物、裝模作樣與消費觀念不同這三點的往事，這是我與交往六年的女友分手的事……。

森田：就是你之前說過那個高級中華料理店事件中的女主角？

清田：對，就是她！這其實有點久了，我當時曾經問她生日禮物有沒有什麼想要的？她回答說：「我想要寶緹嘉（Bottega Veneta）的錢包。」因為我對名牌完全不了解，所以隨口輕鬆的答應她說：「好喔，那就送妳這個吧！」

和子：你糟糕了……。

清田：那個時候，因為我根本不知道哪裡有專賣店，所以就先請我女朋友帶我去看看。我還記得當時是去池袋的東武百貨，一到現場我完全被價格驚呆了，沒想到一個錢包竟然要十萬日圓。

森田：是比一般的錢包要來得貴。

清田：但是我已經答應她了，也沒辦法在她面前露出驚嚇的樣子。事已至此，我只能裝模作樣的表現出一副「原來妳說的是這個牌子，那我知道了」就離開現場。但是事後我超焦慮，甚至冒出「在拍賣網上說不定可以買到比較便宜的價格」的想法，並開始在網路上瘋狂搜尋。

和子：你想買二手的？

清田：就在下單前一秒，我突然清醒過來，覺得到這樣好像不太對。

森田：幸好你有恢復理智。那最後還是用原價買嗎？

清田：沒有，最後沒有買成，因為在她生日之前，我就被甩了。老實說，雖然我們交往了六年，但有可能因為對方是富家千金，所以我常常會感覺到消費價值觀的不同。從過去相處的經驗，再加上這次錢包的事，讓我感覺到我們之間有一道無法跨越的鴻溝。

08 「想娶我姪女？就找個正經的公司上班。」

清田：回到我跟這位前女友的話題，基本上，我跟她就是因為金錢觀的問題而分手，而我被甩的理由也是因為收入不穩定。

和子：好慘。

清田：我當時上班的公司，是一位學生時代的朋友所創立的，所以不只待遇低、前景也不怎麼明朗。我剛剛不是說前女友是有錢人家嗎？所以她們家的親戚們，都覺得我是個怪咖。

和子：這種上流人家最難搞了。

清田：有一次，我被叫去參加她們家親戚的聚會，當時有一位家族地位頗高的姑姑，當著我的面說：「如果想結婚，就把那個寫文章的工作給辭了，去找個正經的公司好好上班。」

和子：這也太誇張，未免太瞧不起人了吧！

森田：真是讓人不爽！那你女朋友的反應是？

清田：她始終沉默的低著頭。

「如果想結婚，就把那個寫字的工作給辭了，去找個正經的公司好好上班！」

和子：雖然也會希望她能跳出來幫你說話，但她夾在你們雙方之間左右為難，應該也很煎熬。

清田：這件事情的受害者不只有我一個人。雖然我前女友從來沒對我說過，去找一家有前途的公司或多賺一點錢之類的要求，但如果要符合女朋友對未來共組家庭生活的期待，像是買房子、教養小孩、預存退休後的養老金等，確實也需要相當程度的收入才能滿足，但我卻沒有辦法完成她的期待。總而言之，只能說是價值觀不同。

森田：我記得當時清田很認真的在考慮著要換新工作。身為他的朋友，我覺得為了這個理由換工作很沒必要，但他當時也是因為不想失去女友而拚命。

和子：如果當時清田順利該的換了

工作，那就沒有現在的桃山商事了！

清田：怎麼突然感性起來……不過說真的，只要想到當時的我竟然認真在思考轉行，就不寒而慄。而在那次的分手事件後，我對於賺錢的態度也更加積極，雖然我還是不認為我未來的收入，可以達到穩定的程度。

不過算了，對現在的我來說，只要能繼續為桃山商事規畫活動、撰寫文章，並且能接觸自己喜歡的書或戲劇表演、能與自己喜歡的人相遇、買一些自己喜愛的衣服或雜貨，就是非常幸福的人生了，而要達成這個目的所需要的花費，就用自己能接受的工作方式來慢慢賺。

就在我總結出個人的生活與價值觀後，我幾乎沒有再因為金錢而感覺到什麼煩惱。**而我現在的另一半，也跟我有著類似的想法，所以我們也沒有因為金錢而起過摩擦，現在雖不富裕，但很舒服自在的生活著。**

森田：順道一提，跟清田分手的那位女生，聽說後來跟一個收入穩定的上班族結婚了。

清田：因為我們有一些共同的朋友，曾經在臉書上對她的婚禮訊息按讚，也讓我間接看到她婚宴的照片。

和子：彼此都能過得幸福，那真是再好不過了！

第三章

戀愛中的小情趣，只有彼此才懂

接下來，會談到有關情趣的話題，指戀人或夫妻之間的瞎胡鬧，又或是日常的鬥嘴聊天，例如彼此幫對方取一些奇怪的暱稱、又或是逼著要幫男方化妝等，戀人之間常常會有許多令人費解的「小情趣」。

本章的內容十分個人，某部分也會涉及一些私密的性愛小故事。

森田：說到「情趣」這個詞，確實會有一些令人費解的畫面！

和子：跟情趣有關的畫面，通常會聯想到與情人或曖昧對象約會時吧？例如看電影或逛水族館等。

清田：不一定啊，彼此建立在「肉體關係」上的人，也會有一些跟情趣有關的相處情節。

和子：這麼說起來，情趣這個字眼，在戀愛中好像不一定都那麼正面。

森田：也不見得，日常生活中我們也常常會提到生活情趣或相處的情趣之類的用法。情趣牽涉的範圍很廣，大家平常的胡鬧嬉戲也都是情趣的一種。

清田：還有開一些彼此才知道的玩笑、幫對方取奇怪的綽號，或是創造出專屬於兩人之間才懂的遊戲規則，這些都十分有趣。

和子：老實說，我還真沒交往過能跟我這樣一起玩耍的男朋友，真是讓人心生嚮往，能跟我這樣玩的，通常都只有女生朋友。

01 替街上的陌生小狗取名

森田：聽說公司裡有位前輩與太太間的情趣，是玩相撲遊戲。

和子：這會不會太激烈？

森田：因為他們夫妻倆都是相撲迷，所以有時會用相撲的招式來打鬧玩耍，而且他們除了相撲遊戲之外，還有另一個生活中的小情趣。就是在散步時，太太會幫路上遇到的小狗們取名字，例如「這隻是五郎」、「那隻是Lily」。所以兩個人只要在散步的途中遇到小狗，前輩就會問老婆說：「這隻叫什麼啊？」他太太也會馬上回答：「牠叫小建。」

清田：這種相處模式，就像是彼此之間的一種情趣默契。

森田：沒錯，不過對於要幫哪些狗兒取名字這件事，這位太太也有自己的風格與原則。例如有時前輩會問：「那這隻狗叫什麼名字呢？」太太有可能就會回答：「我不喜歡這麼大隻的狗狗，所以這隻不給牠名字。」像這樣的對話，也是前輩喜歡的相處小情趣。哪怕前輩已經知道這隻大狗不是老婆會喜歡的類型，應該得不到被命名的眷顧，也會故意問一下來逗他老婆。

和子：從旁觀者的角度來看，對這樣的相處情趣會感到莫名其妙吧？

森田：根本就是幼稚到讓人傻眼。雖然我覺得兩人之間的胡鬧或是一些毫無意義的相處行為，有時候也挺不錯的。

清田：我也聽說過有情侶會玩幫陌生人取名字的遊戲。

森田：就跟前輩完全一樣。

清田：甚至還有一些情侶，會用另一個不是本名的陌生名字來稱呼對方一整天。

和子：這是什麼鬼？

清田：舉例來說，在這一天當中，對方不能叫我的本名清田，而是要改叫我渡邊；我也不能用女生的本名吉田來稱呼她，而是要改叫她山本。在雙方都設定好這個新名字後，不只私底下用來稱呼對方，就連餐廳排隊訂位或KTV包廂預約等，都要用這個新的名字來登記。所以當服務生喊著「渡邊先生」時，兩個人也會因為這奇妙的違和感而笑了起來。

森田：連這樣也能玩？

清田：對啊，用不同名字過一天，似乎也是一種新鮮感的來源，感覺十分有趣。或許拿名字來玩，是個很好的情趣遊戲題材呢！

和子：就像我跟男友在用LINE聊天時，我也會改成用俺或老子來自稱。現在想想，這可能也是一種情趣遊戲吧！

森田：雖然一下子變很 man，但這也是一種關係親暱的表現。

和子：還有還有，雖然跟男朋友無關，但是在女生之間也常常會幫聯誼上認識的男生，或是工作上有往來的人取好玩的綽號。

清田：我們在 Niconico 的直播節目中，也曾做過一集企劃是男生自己不知道的綽號，看來女生們真的很喜歡玩這種遊戲。

和子：對啊，記得有次在公司舉辦的聚會中，有個約五十歲的中年男性忽然開了超低級的黃腔，他說：「我還是硬梆梆的。」從此之後，同事們就稱他「硬梆梆」。

清田：他強調自己「還能勃起」，這也太謎了。是說，綽號多半都跟某個事件或場景有關。

和子：在那場聚餐後的 LINE 群組裡，有好一陣子大家都在熱烈討論著「怎麼會有這種人，說自己什麼硬梆梆的」，從此也確立了他的外號。通常被取綽號的過程都是這樣吧？

02 LINE或美食網站都能拿來玩情趣遊戲

森田：很多人在用 LINE 聊天時，也會玩一些彼此才知道的文字遊戲，就像我跟我老婆偶爾也會出現的對話一樣。我們以前都會約定平日晚上要一起用餐，只有在可能會加班的時候，要先用訊息通知對方。而通知對方的時間點，常常會因為工作的忙碌狀況而有所調整，有時甚至會變成她主動傳訊息來問我說：「你已經即將要傳LINE 來通知我了嗎？」

和子：這還真是可愛。

森田：這句話的文法怪怪的，在已經開頭的句子當中，加入了即將的用法。那到底是傳了還是沒傳？她故意用矛盾的語法來虧我，我覺得也挺有趣的。

清田：好像在上文法課喔。

森田：因為我一瞬間被這個奇怪的句子所吸引，所以也認真思考了一下，照樣造句的回答她說：「我已經即將離開公司囉。」然後我們玩起「已經，即將」的對話遊戲，例如我已經即將抵達那家店了、我已經即將了解了。而這個奇怪的造句遊戲，就在我們之間流行了好一陣子，像這樣改變正常語法的對話方式，我們到現在還是滿常玩的。

和子：這聽起來還挺甜蜜的啊！雖然突然被放閃，但也讓大家意識到，平常會出現這類小情趣。

森田：這些幼稚行為真的很蠢，根本無法在他人面前表現出來，但我覺得大家私底下一定都幹過這類的蠢事。

清田：我跟我老婆某次在聊天時，討論人一天可以放幾次屁的話題後，約定了每放一次屁，就要在 LINE 上傳一次放屁的貼圖給對方，這件事也超蠢的。

森田：這種遊戲沒辦法跟其他人一起玩吧？

和子：我有個女生朋友，會跟她男友一起玩美食評論員的遊戲。

清田：那是什麼？

和子：就是他們一起註冊了美食網站「Tabelog」的帳號，並且在餐廳用餐後，一起討論要給餐廳的評價，然後模仿美食評論家的語氣並將評論張貼在網站上。

森田：這個遊戲也太有深度。

和子：他們共同的帳號暱稱是金針菇醬太郎。

清田：哇！這個帳號在 Tabelog 上超有名的！

和子：他們曾經去過一家賣冰的排隊名店，事後討論著要怎麼寫出像美食評論的語氣，例如可以用：「什麼！如果這家店可以不用排隊？」來下標，兩個人興奮的覺得「這樣有像」、「就這麼寫吧」。

清田：這個遊戲跟計算放屁次數相比，完全就是不同檔次。

和子：他們兩個對於評論的寫法更是精益求精，甚至還會彼此提供建議，更熱衷到為了寫評論，特地前往人氣名店約會。

清田：這根本就是專業美食評論的訓練。

和子：雖然他們已經分手了，但那女生偶爾也會回顧之前兩人所寫的評論，並且感慨的說：「頻率相近到這種程度的異性，在朋友圈內幾乎沒有了。」

清田：能一起玩得開心的對象，可是十分珍貴。

03 「哪天碰面，我還要咬妳下巴喔！」

清田：在桃山商事的廣播節目中，曾經討論過戀愛中的小情趣，並且邀請編輯森山裕之（「STAND！BOOKS」出版社的負責人）擔任來賓。森山是個很活潑、很愛玩耍的人，也常常跟我一起開玩笑、打打鬧鬧。但讓人意外的是，他在戀愛中竟然是個不太玩情侶小遊戲的人。

森田：沒錯！森山在某部分還挺浪漫主義呢！應該說，在戀愛中推崇感性與浪漫氛圍的人，似乎比較不會瞎胡鬧。

清田：咬對方下巴是森山極少數會出現的親暱舉動。

和子：下巴？

清田：嗯！這是森山常跟女友一起玩的遊戲，不過這無關前戲或性癖好，就只是單純輕咬對方下巴而已，就連在電話中，他也會說出「改天碰面時，我還要咬妳下巴」這樣的話。

和子：這也太有個人風格了！

清田：森山從來沒跟任何人說過這件事。

森田拿手機拍下睡倒在玄關的妻子。

森田：從來沒提過這件事的原因，大概是因為連自己也不清楚這個行為的意義，所以也不知道別人會怎麼理解。但這就是情侶遊戲的共通點，旁觀者往往無法理解這些行為的意義。這個世界上，也因為充滿著這些不明所以的親暱舉動與情趣小遊戲，所以才讓人感覺精彩、豐富。

清田：森田對這一類事情，還真是感興趣。

森田：就因為這樣，才有強烈的動力想蒐集戀愛話題。

和子：話說，我也曾經幫前男友化過妝，這或許是我在戀愛中的少數胡鬧經驗。

森田：那妳是怎麼下手的？

和子：某一任前男友因為工作的關

係，經常會帶一些化妝品的樣品回來。有時在他帶回來的樣品裡面，有我本來就不太會用到的色系，或是有某些色系，我覺得塗在他臉上好像比較適合時，我就會拿來在他臉上試著塗看看。對了，男生如果塗上唇蜜，會很有笑果喔！所以每次幫他塗完之後，我都會幫他拍照來取笑他。

清田：這類照片真的超有趣，我也曾經穿我女朋友的迷你裙後被拍照存證。

森田：我也有類似的經驗，我老婆偶爾會喝酒喝茫了，回到家直接睡倒在玄關。這頻率大概每兩年會發生個一次，所以一定要拍照存證才行。

和子：我也曾經因為不小心睡著而被拍照。當時我正在摺衣服，摺一摺就睡著了，沒想到被對方拍下當成證據。

森田：當我們看到特別奇怪的睡姿，總是會玩心大發的想逗弄一下對方，大家似乎都會這麼做？

清田：尤其當智慧型手機出現之後，這些胡鬧的照片也迅速暴增。畢竟不用拿去給店家沖洗，又能立刻轉發或拿來做各種運用。所以男女之間的私密照也很常見。

和子：咦？我可沒拍過什麼私密照喔。

清田：我倒是有用手機拍過老婆的屁眼。

森田：你真是個中二生，連這種事也得意洋洋……。

04 情色泡泡浴的角色扮演遊戲

清田：接下來的話題有點鹹溼，我和某一任女友，曾經在浴室玩「情色泡泡浴」的角色扮演遊戲。

和子：這是什麼鬼遊戲，雖然說是情侶間的小情趣，但清田從拍屁眼照到情色泡泡浴的角色扮演遊戲，你玩遊戲的口味也太重了吧……。

清田：記得當時我們走進浴室，沒想到女友忽然開玩笑的說：「歡迎光臨。」我也馬上進入狀況，把自己設定為第一次去風化場所的大學生，並害羞的回答說：「我……我是第一次來這種店。」她接著回答：「不要緊張，放輕鬆就好。」並且邊在我的背上塗抹沐浴乳。那時覺得這種角色扮演遊戲非常好玩，所以每隔一陣子就會來一下。

和子：就跟即興表演一樣，感覺十分有趣。

森田：在一開始，女友開口扮演情色泡泡浴服務的一瞬間，正是這個情趣小遊戲的樂趣所在。這完全要靠對方的反應與默契，來決定角色扮演遊戲能不能繼續下去，萬一對方沒接到球也是很尷尬。所以開啟遊戲的一方，應該是相信你也能接到玩遊戲的訊息才會開始這一切，如果這個期盼落空，那遊戲也玩不起來了。

清田：原來是這樣，畢竟不知道對方會有什麼反應，所以先試著跨出第一步，這也是一種賭賭看的心態吧！但通常對於對方會有什麼反應，其實當下自己也沒有想這麼多，只是覺得這個時機點，好像可以玩點小樂趣，就直接開始了。至於能不能把遊戲延續下去，關鍵就在於兩人之間平常的默契好壞。

和子：這我也有同感。如果彼此之間沒有相近的頻率或品味，真的很難玩在一起。例如之前我用交友軟體認識了一個男生，就是因為我們的嗜好中都有「喜歡聽深夜廣播」這一項，所以才被配對在一起。

清田：聽說交友軟體有配對機制，能輕鬆幫使用者找到有類似價值觀或相同興趣的人。

和子：那個人不只喜歡聽深夜廣播，還喜歡各種搞笑題材，讓我一開始誤以為我們很聊得來，甚至還交換了LINE的聯絡方式。結果我們連面都還沒見到，他就賣力扮演搞笑藝人的角色來接話，這種相處模式實在讓人覺得心累。

清田：有發生過什麼事嗎？

和子：超多。印象最痛苦的一次，是我們初次要約見面前，我傳訊息告訴他「已經訂好某家店的週日時段」，並且附上店家的連結，結果他只回了我一個字「西」。

森田：西？到底是什麼意思？

和子：我也不知是什麼意思，想說可能只是打錯字，就略過這件事了。結果當我抵達約定的店家與他碰面，他一坐下來就立刻問我說：「你知道我回妳『西』是什麼意思嗎？妳有聽過『西』嗎？」

森田：這也未免太咄咄逼人了吧！

和子：我只好順著問他：「對啊，你說的『西』是什麼意思？」他馬上回答說：「這是日本搞笑藝人日村在綜藝節目《神之舌》中所表演的哏啦。」但是因為我沒聽過這一段，所以又接著問他說：「真的嗎？我沒聽過這一段耶，是什麼意思？」結果他竟然直接回說「不知道也沒關係」就把話題給句點了。

森田：開了頭又不說清楚，這傢伙是怎樣？

和子：我當下也覺得這傢伙真討厭。畢竟雙方都還不熟，就自顧自的說一些沒有邏輯的搞笑橋段，只會讓人很不爽。而且你們不覺得這種行為很失禮嗎？

清田：豈只失禮，還很無理，好像單方面在強迫對方配合理解。尤其是那句「妳不知道啊」，也讓人有一種在暗酸人家的感覺，似乎以為「知道這個哏」的自己很有優越感。

森田：又不是在隨機測驗。要玩一些需要理解的遊戲，果然還是得建立在信賴與默契的基礎上。

05 愛愛氣氛超獨特

和子：這麼說起來，清田玩的情色泡泡浴遊戲，門檻相當高呢！

清田：有可能喔，畢竟大部分的人，對於帶點顏色的遊戲都會有點抗拒。但我剛好是會把性拿來開玩笑的人。

森田：對啊，畢竟清田是享受愉快性愛的實踐者。

清田：說到享受愉快性愛這個詞，是牧野江里所說的（專門拍攝給女生看的A片製作公司「SILK LABO」負責人）。意思是能一邊愉快的大笑，一邊輕鬆的享受性愛，而我確實也這樣做過。例如我會在愛愛的時候，說著與性愛無關的搞笑話題，或是為了讓對方笑出來而裝瘋賣傻，甚至在射精高潮的一瞬間，都還在瞎胡鬧。

和子：連射精高潮時都在玩？這樣對方不會覺得很詭異嗎？

清田：當然，能一起這樣玩的對象十分有限。尤其如果不是夫妻或情侶的話，很難玩得起來。就像我那個情色泡泡浴遊戲的前女友，她還會在愛愛的時候，模仿我不爽時的聲音與表情呢！

森田：能玩到這種程度，看來你們的愛愛氣氛應該是相當獨特。不過我確實聽過有情侶說他們連性愛的過程都能玩得很合拍。

和子：這樣不會很害羞嗎？

森田：他們的理由其實很單純，也就是從打打鬧鬧開始，愛愛的氣氛會比較熱絡一點。例如永遠的前輩跟他女友在愛愛前，會玩脫衣野球拳，藉由划拳輸贏把衣服一件件脫掉。

清田：脫衣野球拳？好有昭和時代的懷舊感。

森田：他是說當氣氛與情調都不怎麼樣的時候，用野球拳來開場，能提高自己的性致。

和子：我是覺得這樣很鬧啦！因為這樣根本搞不清楚，對方是不是有對自己開啟認真模式。尤其搭配著脫衣野球拳的主題曲划拳的話，一般都會有一些輕挑的情色暗示與聯想，對吧？

清田：有關森田的說法，我自己的解讀是覺得遊戲搞笑會破壞性愛氣氛，恐怕就是讓興奮度降低的主要原因。因為對你來說，性愛必須要特別的衝動與興奮，彼此也要充滿熱情，而在這個前提下，遊戲搞笑確實會破壞氣氛。但是對我來說，遊戲搞笑與興奮是一體兩面，所以這樣想的話，就一點都不奇怪了。

06 擔心性伴侶怎麼看待自己身體

森田：遊戲搞笑與性愛的興奮，究竟是不是一體兩面？如果根據清田的說法，確實是有可能的。但是在我自己的個人經驗裡，我其實不太能理解，畢竟我在跟老婆恩愛的時候，頂多只有前戲時會嬉鬧一下，進入啪啪啪的階段後，並不會特別想玩一些花樣，和子又是怎麼認為的呢？

和子：我在上床時既不會特別興奮，也不會玩什麼遊戲。就算是在啪啪啪的當下，腦子裡也有許多讓我在意的事情轉來轉去。

森田：例如像是什麼事情，會讓妳在意？

和子：像是不努力挑逗對方，對方無法順利勃起怎麼辦？以我平常的樣子，對方不會對我有反應吧？所以我只能盡力展現出「有魅力的女性」的樣子。又像是自己的下體有沒有異味？自己的胸部會不會太小？礙眼的體毛是不是又冒出來了？總之，在上床時讓我在意的事情多的不得了，根本沒有餘裕去玩耍跟瞎胡鬧！

森田：會在意自己的身體，這也是沒辦法的事，我完全能夠理解。就像很多男人也會在意自己的尺寸大小，這在性愛中是相當普遍的煩惱。

和子：是這樣嗎？

森田：最近我讀到一本書叫做《數據、謊言與真相》（*Everybody Lies*），其中提到一些關於人們性愛煩惱的解讀，書中藉由 Google 與大型色情網站的關鍵字數據來分析，得出大家隱藏在日常生活底下的真心話。例如在性愛上所遇到的問題、或是一些關於歧視的言論等，清楚揭開人們不為人知的黑暗心聲。

清田：真是一本好恐怖的書。居然利用人們在使用搜尋引擎時，近乎無意識的行為，爬梳出最原始也最真實的樣貌。所以像是瀏覽紀錄之類的資料，我完全不想被人家知道。

森田：這本書裡面，對於在做愛當中，大家所關心與煩惱的事情，都做了數據分析。書裡得出的結論是「我們都太過於在意自己的身體，以至於沒有餘裕好好觀察對方」。例如男生可能會搜尋與「陽具大小」相關的資訊，但女生幾乎不會去找這方面的資料；相反的，女生則會搜尋與自己身體有關的資訊，例如：如何修剪陰毛、如何緊實私密處、如何解決下體異味等。但男生對於另一半的下體其實不太關心，也幾乎不會搜尋相關的資訊。

和子：所以說，大家都只在意自己的身體，卻對另一半毫無興趣。在「沒有餘裕注意對方」這件事情上，大家都跟我一樣呢！

森田：因此，書裡面還下了這個結論：「**會擔心性伴侶怎麼看待自己這類的困**

擾，絕大多數都是在自尋煩惱。」

和子：原來如此，想到別人跟我一樣，也有這些困擾，心情就稍微輕鬆了一些。

07 有性慾，卻無法享受性愛

清田：順便問一下，如果對方是跟和子交往時間比較久的對象，妳也同樣會在意這些事嗎？

和子：就算是交往很久的男友，我在性愛上也一樣沒有餘裕。雖然剛剛說要展現女性魅力來挑逗對方，但我實在做不到像 AV 女優一樣的激烈嬌喘，因為這樣太讓人害羞了。以至於在做愛的時候，我的左腦轉速爆表，焦慮到完全不知道該做出什麼反應才對，所以在那個當下，我完全做不到可以玩鬧搞笑的狀態。

森田：妳之前說做愛不會讓妳感到興奮，應該也跟這種狀態有關？

和子：我恐怕沒有享受過高潮，這大概是受我轉速爆表的左腦所影響。

清田：也有可能是因為妳一心一意想讓對方滿足，所以無法集中精神讓自己好好享受所致。

和子：我覺得……老實說，做愛這件事對我來說還挺沉重的。雖然也是有感覺到舒服的瞬間，但跟心裡所記掛的這些有的沒的比起來，只占了很小的比例。

例如在接受對方口交時，我腦海中就會不斷的出現各種問題，例如：他有勃起了嗎？要不要早一點假裝高潮呢？要在哪個時間點幫他口交呢？他舌頭會不會已經累了？在這種情況下，我怎麼也無法投入情緒的喊出「Oh Yes」之類的呻吟。

清田：就連對方在幫妳口交的時候，妳腦海中的思緒還是轉個不停？

和子：因為在分心的時候，就算怎麼被舔也不會感覺到歡愉，所以大概差不多了，我就會說：「這樣就好了。」然後換我幫他繼續。

森田：想這麼多，那真的沒有餘裕讓自己開心了。

和子：如果在做愛的時候，能有「高不高潮都沒關係，就算沒有插入也無妨」的氛圍，說不定我還會更享受一些。

清田：雖然妳這樣說，但只要妳無法打從心裡感到沒有壓力，那一切都白搭。哪怕對方說：「不用擔心、不用在意，一切都很好。」妳應該還是會忍不住焦慮吧！

和子：前男友對於我無法達到高潮這件事也一直感到很苦惱。還說：「為什麼沒辦法讓妳高潮？難道是我的問題嗎？」

森田：可能他也用他的方式努力過了？

和子：但他的努力，對我來說是個很沉重的壓力。

森田：壓力來自於「非高潮不可」？

和子：沒錯。但是在做愛的過程中，如果只有男方覺得舒服，這也讓人很火大。所以我完全不知道該怎麼辦才好，久而久之就變成「做愛真是超麻煩」。

清田：這太複雜了，畢竟妳的感受也很真實，所以才會陷入兩難，讓人完全不知道該怎麼做才能解開這個心結。但不論如何，我覺得妳能敞開心房說到這個程度，已經很厲害了！

和子：「有性慾，卻完全無法享受性愛」這件事，一直都是我長年的煩惱，但我從沒向任何人提起過。

森田：能像這樣把自己的事情，在談話的過程說出來，說不定能導引出解決問題的辦法。

和子：如果真能這樣就好了……我也想成為可以說出「做愛很舒服」這種話的人。不過，我們原本不是在說關於情趣的話題嗎？什麼時候變成我個人的性愛輔導諮商了？

清田：這個話題也很有意思呀！戀愛中的小情趣本來就有各式各樣的狀態，只討論特定的角度，無法涵蓋全部的範圍。

森田：也是，不過我也理解到小情趣這種事，要有餘裕才能做到。

和子：很中肯的結論！

第四章

擰，是一種浪漫還是會錯意？

與「友達以上，戀人未滿」的對象，忽然牽了手，或與聯誼活動中有點心儀的對象，眼神忽然對到等，這些打鬧小動作，就是調情的曖昧。

本章我們將探索戀愛發生時，各種豐富的可能性，包括那些還無法被「朋友」或「戀人」所定義的人事物。

清田：在這一篇的主題中，我們所要說的是「戀愛中的Flirt」。和子有聽過這個單字嗎？

和子：我之前完全沒聽過，是在聽了桃山商事的廣播節目討論後才知道。

森田：我們在廣播節目中聊到「Flirt」的主題，似乎是在二〇一三年的時候，當時和子還沒有加入。

和子：對呀，因為我是後來才加入的，所以當時以一般聽眾的身分收聽節目。雖然認真思考之後，還是能大概理解Flirt的意思，但總還有一些模模糊糊、不太明白的地方。

清田：在日文中，多半會把Flirt解釋為調情或撩妹的曖昧遊戲，但之所以會使用這種不清不楚的說法，多半也是因為在日文中，沒有能準確描述這個字眼的詞。

和子：何止是在日文裡，我覺得日本人本身就沒有這種概念。

清田：有一位叫做吉原真里的美國文化研究者，在她的著作《性愛英語的基礎知識》（新潮新書出版）中，曾用過一段話來描述Flirt的概念，就是「終究只是一段用打鬧嬉戲來試探的過程」，這意思是說Flirt並不是專屬於戀愛的互動行為，也不是成為戀人的必經之路，頂多就是雙方在曖昧時的小調情，讓兩個人在瞬間產生一種心跳加速的興奮與愉悅感。

森田：就像「咦？現在是什麼狀況」一樣，讓人充滿期待。

和子：也就是心跳漏了一拍的感覺？

清田：原來是這樣啊！這種說法感覺起來比較沒有違和感。不論是感官或靈魂的心動，確實都很讓人期待。把 Flirt 延伸成「調情所造成的心動」，確實是個很創新的說法。

森田：剛剛說在日文中，沒有能準確描述這個單字的詞。但是對日本人來說，因為某個互動的小動作，而產生了心動的感覺，這場景就十分常見了。

和子：是這樣嗎？但是在我個人的經驗中，常常會搞不清楚狀況耶！

清田：其實我也是！雖然我在五年前就聽過 Flirt，但我到現在為止還是跟和子一樣，不太能理解它真正的意思，頂多就是字面上的解釋罷了。

森田：我們在做那一集廣播節目的時候，就曾經說過清田是個不太會調情的人。

和子：我記得當時一邊聽節目，還一邊嘲笑清田的調情功力很爛，但我自己肯定也是個調情白痴。話說，森田是個調情高手嗎？

森田：還好？我頂多就是個有調情經驗的一般人罷了。但我自己是很喜歡調情的感覺啦！

清田：因為森田是個有戀愛體質的人。

和子：你們開始讓我有點焦慮了……接下來關於調情的討論，拜託請從最簡單直白的地方開始。

01 等紅燈過馬路，手忽然被握住……

森田：永遠的前輩曾經分享一件被撩的經驗，發生在他與公司櫃檯妹妹們一起聚餐時。

和子：跟櫃檯妹妹們去喝一杯？這好老派，好像日本泡沫經濟時代的故事。

森田：沒錯，這氣氛聽起來就充滿了粉紅色的泡泡。聚會當天，前輩下班後搭電車要前往聚餐地點，在從車站走往餐廳的途中，等紅燈過馬路。忽然有人從後面握住了他的手腕，他嚇了一跳回頭看，竟然是參加聚餐的其中一位櫃檯妹妹。

清田：咦？

森田：對方就這麼挽著他的手，一路走到餐廳前。

和子：什麼？挽著手一起走？

森田：一直走到餐廳門口，在看到其他同事時才瞬間把手放開。而之後的聚餐過程，兩個人也都跟平常一樣沒什麼異狀，甚至在聚餐過後，也沒有發生過其他特別的事。這應該就算是典型的調情經驗吧？

和子：咦？出手竟然揮了空拳？

清田：那個女生在公司擔任櫃檯接待人員對吧？沒有想要交往的意思嗎？

森田：嗯，就單純只是會一起喝酒的朋友。但我相信在那個片刻，兩個人的內心多少都會有點悸動。

清田：如果是我，就有可能會亂想：「是怎麼回事？」、「這是我有機會的訊號嗎？」然後一下子陷入混亂、一下子又充滿期待，那前輩的反應是？

森田：前輩也是這樣想的，在被挽起手的那一瞬間，他腦海中立刻閃過「她對我有意思吧」的念頭，就像和子剛剛說「心跳漏了一拍」一樣。但是恢復冷靜之後仔細思考，覺得那應該只是一瞬間調情的曖昧罷了。

清田：真不愧是成熟的大人，要是我就會馬上抱著能跟對方來一發的期待，實在是很下流。

02 撩，要雙方都有默契時才成立

和子：聽完剛剛的故事，忽然發現調情這件事，要雙方都有調情的默契時才能成立。萬一其中一方先丟球，而另外一方卻完全接不到球，在這種情況下，事情就會演變成十分尷尬的局面。例如我在走路時，如果手腕忽然被其他同事抓住，我的反應很可能會是嚇到尖叫。

清田：就是平常被嚇到的樣子嘛！

森田：不過說到握住對方手腕的動作，這很可能是因為由女方主動所以才能成立，包括挽著手走路等，也都是女性主動限定。

和子：就算是這樣，我也無法想像。

森田：雖然我也沒有被女生挽著手走路的經驗，但像是美國影集《慾望城市》（*Sex and the City*）中的女主角凱莉，就常會很自然的對異性做出非常親近的動作，例如挽著男性友人的手走路，或緊靠著一起坐在沙發上等。

清田：以前看外國影集或電影時，常常會覺得他們的兩性距離也太靠近了吧？不過在歐美文化地區，這些應該都是習以為常的事情。

和子：感覺上，他們都是在無意識中，自然而然做出這些動作的。

清田：不過，如果是女生主動開撩，男生一定會胡思亂想：「碰到胸部了？」、「接下來我要做什麼反應呢？」如果是我，一定會慌亂緊張。

和子：這也太像處男了吧！

清田：才不是這樣勒，說到讓人小鹿亂撞的調情經驗，就算我是調情白痴，也是曾經經歷過的，好嗎？

森田：請務必要跟大家分享。

清田：記得是發生在升學補習班的事。當時在自修室裡，我們有幾個交情比較好的男女同學們，一起組成了一個小團體，因為大家都是重考生，所以會營造出一起加油的讀書氣氛。有一天，小團體裡的某個女生手裡拿著她正喝到一半的寶特瓶，忽然問我要喝茶嗎？

和子：然後呢？

清田：我裝作若無其事，用平常的聲音回答她：「好喔！謝啦！」然後接過寶特瓶喝了一口。但我內心超緊張的，心跳加速的怦怦跳個不停，因為這可是她喝過的寶特瓶！就在那一瞬間，我發現自己好像對她「秒喜歡」了。在此之前，我都只有把她當成是交情比較好的女性朋友而已。

和子：一瞬間喜歡？

清田：就是被她秒殺了。

森田：就只因為間接接吻的關係？

清田：嗯，立刻被對方擄獲。這是我少數經歷過的調情經驗。

和子：這也太那個了吧，算哪門子的調情啊？我聽起來就像是一個處男把隨便同喝一杯飲料誤以為是有什麼的蠢故事。

森田：對方恐怕也沒有這個意思吧？而且清田還跳過了曖昧階段，直接變成認真喜歡。這個故事老實說，完全沒有一丁點調情的要件在裡面。

清田：我的青春啊……。

森田：不過如果硬要講，調情確實很容易引發誤會。

和子：是因為一瞬間的心動吧！雖然說調情的曖昧，會讓人感到心動，但這對我來說，難度還是太高了。

清田：這確實是相當像大人的舉動，畢竟調情的一方，並不希望對方因誤會而出手破壞微妙的氣氛；也不希望對方會因為覺得什麼地方不對勁而退縮壓抑。

如果雙方在想法與反應上沒有默契，那之後也很難說會有什麼更進一步的發展。調情就是要利用曖昧所營造心動瞬間，讓雙方都能感受到樂趣。但是這對於戀愛技巧的要求，未免也太高了吧！

和子：我覺得自己是做不到啦，就算再投胎三次也不可能學會。

清田：能在這種氛圍下還游刃有餘的，相信只有少數人。實際上，來向我們諮詢戀愛問題的女性朋友們，也有許多人有過「突然被牽了手而不知所措」、「還搞不清楚對方的意思，就被親了」等狀況，她們都因為無法解讀男生這些動作背後的意圖，而覺得苦惱。

森田：這些動作也不全然都跟調情有關。說到底，會調情跟不會調情的人，到底哪一邊是多數，其實我也不知道。但就像和子剛剛說的，我們正在調情這件事，要雙方都有調情的默契時才能成立，看來確實如此。

清田：就像暗號一樣，如果誤判就會引發事故。之前也曾經發生過，調情被當成性騷擾的事件。

森田：這樣就很危險了，一定要認清對象、看好場合。尤其是男生，在這件事情上，不特別小心是不行的！

03 傳遞出「我有把妳當女人看」

清田：既然有像我這種調情白痴，相對的也就會有厲害的調情高手。如果以我身邊的人來舉例，「佐藤廣報」（按：桃山商事的初期成員之一，也是清田在國中與高中時期的同班同學，曾經是清田與森田的共同室友）就是個很會在互動中撩妹的人。

森田：廣報從以前就經常送花給女生對吧？

清田：他說這是從他老爸身上所學來的習慣，他相信沒有不喜歡花的女人，所以總是熱情直爽的送花給周圍的女生。

森田：對啊，他自己也深信送花的行為，一定可以討女生開心。

清田：恐怕在他送花的行為之下，隱含著「我有把妳當女人看」的訊息，並且他也將這個訊息轉化成可以被具體看到的行為。

森田：還有像是送對方回家或是讚美對方外貌等，其實都是同一種概念的延伸。

清田：這樣想起來，在當下完整傳遞出「我有把妳（你）當女人（或男人）看」的訊息，對調情來說或許是個很重要的條件。

森田：的確是，搞不好這才是一切的重點。在一開始就宣示出「我是雄性，妳是雌性」，還特別強調了彼此在性別上的差異。就像廣報常說的：「我幾乎沒有什麼女性朋友。」這句話隱含的意義，其實就是不排除跟任何異性發生超友誼關係，自然在交往起來也很難單純只是朋友。

和子：但如果是我收到花，可能會絞盡腦汁的思考：「為什麼要送我花？我有做了什麼會讓你感謝的事情嗎？」

森田：這是因為和子不習慣被當成女人對待吧？

和子：有可能。畢竟我是個身高一百七十七公分的女高個兒，所以在生活中比較無法展現女人味，甚至女生朋友們還會親暱的叫我哥。

森田：大概就是因為這樣，所以和子對調情比較無感吧！

清田：我會變成調情白痴，可能也是類似的原因。畢竟我的身高跟和子相反，只有一百六十四公分，在男性中算是偏矮的。而且不論從外觀任何角度看來，都比較圓潤缺乏身體線條、肌肉，就連我的髮型也常常被說像是某女性議員。甚至我自己喜歡的衣服與穿著，都是女性品牌的服飾，總覺得自己好像正在往一個消除男人味的方向努力衝刺。

森田：如果是這樣的話，就算努力發出調情訊號，對方可能也無法察覺。

清田：我也擔心哪天如果我大膽的撩妹，會不會反而嚇到對方。

和子：原本以為「沒帶把」，沒想到竟然是個直男！

清田：沒錯，就是這樣。

森田：人生好難啊！但你們兩個不是都有和他人順利交往過嗎？

和子：對啊，但我截至目前為止，所交往過的對象都是在聯誼場合找到的。畢竟在聯誼這種需要盡情展現出女性或男性特質的地方，男方會輕易的把我當成女性來對待，而我也會把對方當成一個男性來相處。

森田：也就是說在聯誼時，妳會比較放心的展現出好像有女人味的樣子？

和子：沒錯，在聯誼時我會一直想著：「如果是女人的話，這個時候應該會有什麼反應」然後調整自己的行為舉止到比較符合的狀態。

森田：所以說和子在聯誼時，有過什麼調情的經驗嗎？

和子：嗯……好像想不到耶……。

森田：沒有啊？

04 在同學會上開撩已婚女性

清田：那森田呢？剛剛你說你是個有調情經驗的一般人。

森田：聽完你們的故事，我想起了發生在睽違二十年的同學會上的一段小插曲。

和子：在同學會上調情？感覺上有點色色的。

森田：總之，同學們這麼久不見，所以當下的氣氛很嗨，大家也輪流說起「以前曾經喜歡過誰」的話題，這好像是每個同學會都一定會有的橋段……。

清田：再來呢？

森田：因為當時我以前喜歡過的那個女生也在現場，所以我正掙扎著要不要說，最後還是趁著幾分醉意就這麼直接說了出來，畢竟大家都招認了。

和子：超猛。

森田：那個女生聽到之後，看起來似乎有點害羞又開心。後來我又偷瞄了她一眼，沒想到竟然對到了眼神，讓我覺得好像「可以喔」。順便說明一下，當時我還是單身，但她已經結婚了。

清田：就快要發展成大人的遊戲了……。

參加完同學會的回程中，在車站剪票口接吻的森田。

森田：同學會又進行了一會之後，那個女生擔心會搭不上末班電車，就起身決定先回家。自然而然，我也就趁勢送她去車站搭車，兩個人一起離開餐廳，走著走著竟然就牽起手了。

和子：在你們牽手之前有發生過什麼嗎？例如訊號或暗示之類的？

森田：應該只有在同學會上，我說曾經喜歡過她的那件事。

清田：所以調情從那個時間點就開始了？

森田：我丟出了一個超直接的告白，而她也沒有表示不舒服。雖然有特別強調說是「以前」喜歡過妳，但這其實跟現在還是有一點喜歡妳也沒什麼兩樣。加上中間兩個人也交換過眼神，所以自然而然就能牽起手，甚至最後還在車站的剪票口接吻了。

清田：接……接吻？

和子：k……kiss！

森田：在那之後，我們只有互道再見，一切就結束了，甚至之後也沒有再特別去聯絡對方。

清田：森田果然是四次元啊！

和子：呃……抱歉，大概有多少人曾經經歷過類似的事情呢？

清田：內政部應該也沒有統計過吧？

和子：難道沒有「調情白皮書」之類的報告嗎？

05 會不會成功？賭一把才知道

森田：真是被你們兩個打敗，一聽就是個沒什麼性經驗的傢伙。總而言之，當面說出「我以前喜歡過妳」，跟廣報「送花」的舉動很類似，都是屬於容易理解的調情訊號。

清田：像我這種不擅長調情的人，能就這樣牽起手、接起吻，根本就像是從「零」瞬間移動到「一」。其實你們在到達這個階段之前，就已經開始調情了對吧？

森田：要撩對方之前，至少也應該要確認一下有沒有最起碼的「OK」訊號吧！另外，還需要強大的勇氣，畢竟要把好感化為行動傳遞給對方，一不小心讓雙方關係變尷尬不說，還有可能演變成騷擾事件。

和子：確實如此，常常會聽到突然被會錯意的大叔摸了一把之類的事情。

森田：在Niconico的直播節目中，就曾經有觀眾留下這樣的留言：「想要對他表示好感，所以嘗試性的出手撩他……。」

清田：出手啊，聽起來真可怕。不過調情多少帶有賭一把的概念，就算是我去參加類似「以前曾經喜歡過誰」的告白大會，我也沒把握自己能有自信說出口。

和子：我也不行，完全說不出口。

清田：對啊，怎麼可能說出來。

森田：你們為什麼沒辦法說出口呢？

清田：誰知道對方會有什麼反應？萬一讓對方不舒服，我自己也會不好意思，而且在說出口的那一瞬間，我會覺得自己這樣很母湯（按：網路用語，臺語的不行）。

森田：所以這些問題都是你自己的小劇場？

和子：我也會這樣耶，總是忍不住的擔心對方可能會因此討厭自己。畢竟從學生時代開始，能跟男生們嘻嘻哈哈打成一片的，多半都是班上女性的「一軍」（核心人物）成員，而那些嬉鬧曖昧的小動作，也都因為是一軍才能被允許的。像我這種不可愛的女高個兒，又不是一軍的成員，大概無法讓男生們感覺到有魅力，要我主動出擊實在是太難了。我心裡總是覺得，萬一被對方知道就完蛋了。

清田：這我超了解！有時想要 man 一點的展現魅力，總是會冒出一些讓我害怕而踩煞車的念頭，例如「我只把你當成好姊妹」、「這樣會破壞我們之間的默契」。

和子：沒錯！我也沒有辦法擺脫這樣的標籤。畢竟我連「三軍」都稱不上，實在無法說出：「我也是個有性器的女人啊！」

森田：但是那些收看 Niconico 直播節目的觀眾們，不是也有人留言說：「和子小姐真是可愛」嗎？

和子：是很感謝大家啦，但是這讓我誠惶誠恐啊！畢竟我無法擺脫階級制度的迷思。而且我認為調情這件事，是那些有自信、能展現女人味的女性才能辦到的，就像在節目中留言的觀眾也說：「有餘裕，才能成為會調情的人。」我相當認同這種看法。又例如剛剛森田說的同學會調情事件，要能夠不貪心的停在接吻階段，總覺得這就是一種有餘裕又很有品味的表現。

清田：沒錯，這超潮的！

森田：有嗎？

清田：畢竟，對於缺乏性愛的人來說，一定會覺得：「都到這個階段了，眼前就是個好機會！」

森田：呃……當下我只是覺得這樣也很不錯、這樣就很開心了，所以停在這裡。

和子：就說這樣很潮。

清田：純粹享受那瞬間被挑起的情慾，還真的是很時尚。

和子：調情果然是一件很潮的事！

06 撩的精髓，在於看得到吃不到

森田：就像剛剛清田說的，調情多半會發生在一瞬間，所以調情的對象不是只有偶然擦身而過的陌生人，就算是跟好朋友，也可能會不經意的撩一下來逗弄對方。

和子：好像真的是這樣。我的女生朋友們，對於「有沒有可能跟身邊男性友人發生更進一步的關係」這件事，從來不敢把話說死，甚至有人會說「能當朋友的男人，都是『很可以』的人」！

森田：用到「很可以」這種說法，幾乎是強烈的ＯＫ訊號了！

和子：也就是說，要成為這些女孩們的朋友，多少要有點男性魅力或至少個性要很ＯＫ。但話說如此，他們也不見得都有實際上過床，就是那種「吃不如吃不到」的氛圍，創造出調情的最佳距離。只要偶爾摸個手，心跳就會加速；就算自己有一些曖昧的動作，也不會引來反感。

清田：根本就是在彼此面前互相叫陣、展現性魅力嘛！

和子：我的女性友人也說：「撩的精髓，就在於看得到吃不到！」

森田：說得這麼直白啊！這也滿猛的。對了，那你們有跟異性朋友調情過嗎？

還是曾經好像有過什麼，但自己又不是很肯定？

和子：我完全沒什麼印象耶。

清田：好像突然喚醒我的記憶了。我確實有過一次，在跟某個女性朋友相處時，感受到調情的瞬間。

07 想再進一步，反而破壞氣氛

和子：你確定嗎？該不會跟你剛剛自以為的故事一樣，只是一個處男的腦補小劇場吧？

清田：這次的故事跟我剛剛說的完全不一樣，是發生在一位跟我超過十年交情的女性朋友身上。當時她剛經歷過一段與主管無法自拔的婚外情，不僅身心靈遍體鱗傷，還被公司要求暫時停職。幸好沒多久之後，她被允許復職了，為了慶祝她狀況好轉且重回職場，我們就相約聚餐喝一杯。

和子：無法自拔的婚外情，這也太慘了吧，幸好能順利復職。

清田：對啊，她回到公司之後就一直充滿活力的待到現在，從結果來看算是不錯的了！回到當天晚上，由於我們聚餐的餐廳離我家不遠，所以用餐後就決定來我的住處坐坐。當時我住的大廈，從頂樓可以看到很美的夜景，加上當天的天氣很不錯，所以我們一邊喝酒，一邊看著遠方放空，忽然間有流星劃過天際。

森田：真浪漫！

清田：就是說啊，在那之後，好像氣氛變得不太一樣，連空氣中都瀰漫著微妙的氣息。明顯到連我都能感覺出「咦？接下來好像會發生什麼事」。

和子：讓人小鹿亂撞呢！

清田：於是我鼓起勇氣，問她說：「可以吻妳嗎？」

和子：蛤？

森田：這的確有點笨拙啦！但是能這麼正面的直接問對方，應該也需要很大的勇氣。不過那個女生我也認識，從我旁觀者的角度來看，清田會這麼做，應該是想要表現出「我很重視妳，妳是我很重要的朋友」。

清田：是很重要的朋友沒錯，到現在我們都還保持著朋友的關係。

和子：所以你對「很重要的朋友」起了邪念？

清田：嗯，我確實起了邪念……。

森田：那後來的發展呢？

清田：因為她笑著答應了，所以我就小心翼翼的親了她。

和子：豁出去的調情達陣！沒想到你雖然是個調情白痴，但這一手很傑出。

清田：但是，親完之後我整個被點燃。原本想要「只到這個階段就好」，但這時的我，已經完全無法踩下煞車。

森田：你想對什麼事情踩煞車？

清田：想要有進一步的肢體接觸啊！手不自覺得就往胸部那邊滑過去。

和子：所以你摸了人家的胸部！

清田：被她拒絕了。

森田：啊……。

和子：整個調情的過程功虧一簣。不過以調情來說，能進展到親吻，氣氛算是很不錯的，但從你想要撲倒對方的那一刻開始，整個調情就變質了。

森田：清田就是會想到「那種事」，這也沒辦法。

清田：不就很感謝調情高手的體諒，這對於我這個調情白痴來說，確實是很難區別啦！話說，當時連想要喇舌也被拒絕了。

和子：被禁止進入。

清田：沒錯，她緊閉雙脣，防守超嚴密。

森田：對她來說，這應該從頭到尾都只是調情而已。

清田：但是我卻抱著或許能來一發的期待，也搞砸了調情的氣氛。果然像我這種用下半身思考的人，心念不純正又沒有質感。

森田：不過在調情的時候，對下一步有期待感，這真的很難避免。

08 從撩到性，怎麼一步到位？

和子：從調情跨越到性愛之間的進展，實在是很微妙。不過說到這，我也想到一個類似的案例。是我的一位男性友人，他有一個交情不錯的女性朋友，是他在公司裡的後輩，當時這個女孩也跟公司內的年長男性發生了婚外情，苦戀許久，最後仍以失戀收場。

清田：完全是一模一樣的狀況。

和子：慘的是她還懷了對方的小孩，並為此做人工流產，當時她的狀況說多糟就有多糟。這些故事都是在某一個聚餐場合中，從這位女性後輩的口中說出，而在場的還有其他同事跟我這位男性友人。後來其他同事中途離開，現場只剩下我這位男性友人與這個可憐的女性後輩，然後氣氛漸漸的也越來越曖昧……。

清田：欸欸欸欸！

森田：是從失戀話題開始曖昧嗎？

和子：雖然他說他當時「想要撲倒對方」，但在別人如此悲慘的狀態下做這種事，不免心中相當糾結。於是他說：「〇〇小姐，我現在很想擁有妳，但是……。」

聽到這句話之後，這女孩也流下淚來。

清田：這怎麼回事？

和子：應該是在受傷的狀態下悲從中來吧！

森田：畢竟這個女孩的自尊心，正處於十分低落且容易被刺傷的狀態。這句話裡不只充滿了尊重，更隱含了情慾的流動，技巧很高超，是充滿療癒的調情手段。

和子：不過他後來說：「雖然當時兩個人都情慾高漲，但是趁她脆弱時下手的我，充其量也只是個誰都能來一發的渣男，這麼一想之後就住手了。」

清田：這調情技巧也太高超了吧。如果我的調情案例最後有成功喇到舌的話，是不是也會變成一個浪漫的故事啊？

和子：如果他們當時就這樣上了床，這個故事就不會讓人覺得跟偶像劇一樣純情浪漫了！

森田：這個男生對自己應該很有自信吧！或許他自以為「我現在想要擁有妳」的這句話，會讓女方開心。

和子：有可能喔，他講出這句話時，確實有「我的老二充滿療癒價值」的感覺。

09 除了戀人與朋友外的「漸層關係」

森田：在我們剛剛討論的案例中，有一個關鍵是表達自我（self-disclosure，又叫做自我揭露。是心理學家西尼・朱拉德〔Sidney Jourard〕所提出的概念，指單一個體在與其他個體交流時，主動在其他人面前展現自己的想法、表達自己的感受等）。這跟我們之前所出版的某本書中，有讀者特別提到「要怎麼樣才能在對話中製造曖昧的氣氛」有關。因為她的問題在於跟感覺不錯的異性約會吃飯時，總是講一些無關痛癢的客套話，以至於完全曖昧不起來。當時我們給她的建議是「找機會『表達自我』，與對方聊一些跟自己情感有關的事情」。

清田：不論是主動說出個人的重要隱私、或是主動說出一些會引人遐想的小祕密等，在說出這些事情的同時，因為帶有難以啟齒的情緒，自然而然就會營造出與對方共享祕密的曖昧感，確實是有這種說法。

森田：跨越難以啟齒的障礙，就是營造曖昧的主要方法，就像隱藏在「我現在想擁有妳，但是……」這句話背後的情慾流動，也是如此！

和子：當時身為讀者的我，在讀到這一篇內容時，對這個煩惱也超有同感。因為我在接話或開啟話題時，總是用「能不能炒熱現在氣氛」為標準，來決定自己該講什麼，以至於很難與異性建立更進一步的情感關係。但我也發現，那些很會調情的人都善於表達自我，所以他們跟異性之間，很容易就快速變成緊密的好友關係。

清田：我懂我懂。

森田：剛剛的「我現在很想擁有妳，但是……」這句話就恰到好處。一方面表達了自己心中難以啟齒的高漲情慾，瞬間拉近彼此的親密感；另一方面也適度保留了調情的距離。

清田：我常常因為精蟲衝腦，所以誤判調情的距離。唉，這輩子真想體驗一下完美的調情。

森田：跟戀愛一樣，調情也沒有年齡的限制，不要現在就放棄。

和子：經過剛剛的討論，我也稍微看到自己的戀愛問題所在。但是大家都體驗過調情這件事，還是讓我相當驚訝。

清田：在傳統日本的男女關係中，我們很容易就陷入戀人或朋友的二分法，但是加入了調情的概念後，我們就更容易理解，在戀人與朋友之間其實有著很微妙的漸層關係存在。

森田：其他還有各式各樣「無以名狀的男女關係」，感覺在英文或法文中，對於這些狀態，會有比較多且豐富的字眼來描述。

清田：就像本章開頭提到的《性愛英語的基礎知識》一書中，就收錄許多這一類的詞彙。

和子：聽我朋友說，現在國外還有一個叫做「Nexflix & chill」的流行語。

森田：那是什麼意思？

和子：字面上的意思好像是「來我家看 Nexflix 吧」，但實際上卻是「邀約對方來家裡打砲」，好像有點離題了。

清田：我們之後也可以來做個企劃，關於「挖掘外文中的戀愛相關字眼」，就像《無法翻譯的世界詞彙》（*Lost in Translation*）（創元社出版）的戀愛版。

和子：好啊好啊！

第五章

超越極限的情慾體驗

「請告訴我，你人生中曾經經歷過最充滿情慾的時刻是？」在看到這個問題時，你腦海中又浮現了什麼樣的畫面？

相信把這個問題拿去問一百個人，就會得到一百種不一樣情慾體驗的答案，而且每個人所謂的「最厲害、最深刻」也都各有差異，畢竟情慾沒有什麼標準答案。

而在這一篇裡，桃山商事的成員們將各自揭露自己最大尺度的情慾體驗，百分百「十八禁」的情色話題大爆發！

和子：在前幾天，我終於體驗到人生第一次的調情過程。

清田：哇！

森田：沒想到說自己不會調情的妳，竟然做到了，很厲害喔。

和子：有種可喜可賀，總算從調情無經驗者畢業的感覺。

清田：那到底是怎麼發生的呢？

和子：某天在聚餐場合遇到一個超帥的男生。後來發現，他竟然就住在我家公寓的斜對面，我們因此聊得更熱絡，還約好到家之後，要從各自住處拍一張窗外景象的照片傳給對方，甚至交換了LINE。也因為都住在附近，所以聚餐結束後，我們一起搭了計程車回家。在車上，我們兩個人的手只隔了一個「快碰到又沒有碰到」的距離，讓人心跳加速！

森田：有點色色的。

清田：妳這個慾女。

和子：我回家後一打開手機，就看見對方傳來一張從他的住處拍向我家的照片。我也立刻衝到陽臺上，往他家的方向拍下一張照片傳給對方。一瞬間覺得氣氛有點曖昧，好像帶了一點什麼暗示！我想這應該就是所謂的調情，沒錯吧？

森田：有感覺到心動，對吧？

和子：有喔！明明在LINE上的內容一點都不鹹溼，竟然會讓我覺得有點興奮，現在回想起來，依舊會感覺到一些意淫的餘韻。

清田：光是回想就能感覺到「意淫的餘韻」，能讓和子興奮到這種程度，真的很罕見。那你們後來有什麼發展嗎？

和子：其實在聚餐的當下，我就已經知道他有一個論及婚嫁的女友了，所以後面當然跟他也不會再有什麼進展。但實際上會發展到什麼階段，其實一點都不重要，而是當下的氣氛，讓我一瞬間有了「好像可以來一發」的興奮感，甚至可以說「單單這個性幻想，就已經讓我溼了一片」。

清田：就是這種讓人感覺到有機會的期待感，特別能挑起情慾，我非常能體會。

和子：這大概是我最近所經歷過最讓人興奮的情慾體驗。老實說，真槍實彈的來一發，對我而言反而沒有什麼吸引力。

森田：畢竟和子之前也說過，自己並沒有那麼喜歡性愛。

和子：沒錯沒錯，與其說是不喜歡性愛，不如說是我自己還沒有辦法體會性愛的愉悅。但如果從一般的標準來看，其實我也有過非常色情的經驗，記得那是很久以前的事情了，我曾經跟某一任男友去台場看煙火大會，就在人潮擁擠的環境下，我幫他口交了！

森田：呃……這話題的尺度也跳太快了吧！

和子：意外的是，雖然在這麼不尋常的地方口交，我回憶起來卻沒有什麼興奮的感覺，只依稀記得在施放煙火前，周圍好像還滿明亮的。不過老實說，跟「在公開場合口交」比起來，「從對面公寓拍照傳給我」的舉動，還更讓人心癢難搔。所以這個「斜對 MAN」的回憶，我一定會好好珍藏。

清田：但是從故事性來看，煙火大會確實比較有張力。

和子：看來口交事件獲得壓倒性的勝利！畢竟 # 野砲、# 眾目睽睽、# 口交（社群媒體的標註），這些情節有許多可以加上 tag 的關鍵字。

森田：不過從妳認為「斜對 MAN」比較能撩起慾望的這一點看來，情色的世界還真的是很深奧！

01 車震，最深刻的情慾體驗

清田：剛剛和子說到自己第一次調情的體驗，也是人生截至目前為止最讓人興奮的情慾體驗，看起來「人生所經歷過最深刻的情慾體驗」這個主題十分有趣。

森田：大部分的人應該都有過情慾體驗，但是在什麼情況下才會感覺到強烈情慾的爆發瞬間，這完全就因人而異了。畢竟現實中也有跟和子相反的人，他們如果沒有激烈的肉體衝擊，是感覺不到情慾爆發的。

和子：說到底還是如人飲水，冷暖自知。

清田：我曾經聽一個女性友人說，她所經歷過、最深刻的情慾體驗，是發生在一輛車子裡。

和子：是傳說中的「車震」嗎？

清田：沒錯！而且那輛車子沒有貼上防偷窺的隔熱紙，所以兩個人肉體一交疊，仰躺在下位的她，一直擔心會被外面的路人看見。幸好不久之後，兩個人所散發出來的熱氣讓車窗起了霧，她才放心下來。這是她從未經歷過的性愛體驗。

和子：兩個人的熱情讓車窗都起霧了，用霧氣來取代防窺隔熱紙的想法，這還真是厲害！

清田：這讓我聯想到，每年盛夏在東京國際展覽中心發生的傳說異象「Comiket雲」（按：指日本最大規模同人誌展售會「Comic Market」中所發生的異常現象。因為現場參加者人數過多，加上室內空調效果有限，進而造成眾人所散發的熱氣都聚集在天花板上，形成一股雲霧蒸騰的景象）。這女生也因為兩個人激烈的熱氣，瀰漫了整個車內空間，所以感到更加刺激與亢奮。簡直就成為了不用加油、也不用插電的性愛永動機。

和子：但是這麼說起來，當時她眼中所關注的對象，並不是正在跟她做愛的男方，而是起霧的車窗。換句話說，她當時的視角有點抽離，好像沒有很專心的投入做愛這件事。

森田：一般來說，享受絕妙的性愛，應該是兩個人的注意力都要聚焦在對方身上才對吧？

和子：不過我也常聽我的女生朋友們說，她們在做愛時會被壁紙或天花版的髒汙等，這些破壞畫面的景象所干擾，導致情緒瞬間冷卻。但是剛剛的這個案例卻完全相反，她反而因為環境的違和感而亢奮了起來。

清田：這或許是因為她已經陷入輕度迷幻的狀態了吧？雖然我們在說迷幻時，總會有個標籤化的印象，以為是出神或恍神等。但實際上，當我們的靈魂與肉體產生共鳴、達到平衡的狀態，就會有一種靈魂出竅的感覺。

我之前曾經讀過一本書叫《為什麼你無法把自己接起來——契合（rapport）與感官》（高石宏輔／春秋社出版），裡面就詳細解說了這個論點。

森田：原來如此啊！像床上運動這件事，也有所謂進入「心流領域」的狀態。那在車震時體驗到心流領域，也是相當合理的。畢竟所謂的心流領域無法簡單靠個人意志來達成，或許跟性愛中的高潮感也有點類似。

清田：但是剛剛這個車震的案例，主要的關鍵因素在於不可預測性，包括對方的亢奮程度、自己身體感官的快感、身處車內空間、擔心被路人從車窗外窺視的緊張感、甚至是兩個人所產生的淫蕩熱氣等，這些因素都要完美的結合在一起，才能創造出情慾迷幻的狀態，進而達成她所感受到的「最深刻的情慾體驗」。

和子：就不能簡單的告訴我說，「車震等於創造深刻的性愛體驗」嗎？

森田：性愛畢竟沒有祕訣能學習啊！

清田：沒有祕訣啊……。

02 接過對方當場脫下來的胸罩

清田：之前在我們所主持的廣播節目中，曾經討論過有關情慾的話題，當時有位男性聽眾說，他所經歷過最能撩撥情慾的體驗，就是拿到外遇對象的內衣。

森田：這聽起來好像有什麼奇怪的特殊癖好。

清田：因為他當時的外遇對象也是一個已婚女性，所以兩個人沒有太常見面的機會，某天他逗弄對方說「給我妳的貼身衣物」，沒想到那個女生當場就脫下胸罩，只輕輕的說了聲「拿去」，就把內衣丟給他。

在這一瞬間，男方經歷到有生以來最深刻的情慾體驗，後來只要拿出這件胸罩，他就會忍不住心癢難搔。

森田：這個故事還真有趣。與其要說他有內衣癖，不如說是這件胸罩撩撥了他的性慾。

清田：應該是因為，這個女生很直接的回應了他原本以為是開玩笑的難題，所以從普通開玩笑的場景，變成帶有挑逗的曖昧氣氛。這跳躍性的反差來自於原本不可能實現的期待被回應了，難度有多高所產生的興奮感就會有多大。

和子：但是就算他拿到女方的胸罩，應該也還是很苦悶吧？畢竟只是一段「充滿性暗示的對話」，跟「可以吞掉我的精液嗎」這種直接的性愛要求，還是有一大段距離。

森田：什麼啊？

和子：就是說，這個男生所提出來的要求，頂多就是拿到對方的內衣而已。跟直接在做愛過程中，要求對方吞掉精液，並看著對方當場喝下，後者跟情慾的關聯比較直接吧！他們又沒有真的做愛，卻被男方認為是有生以來最深刻的情慾體驗，這實在是很有趣。

森田：原來妳的意思是這樣，也就是說情慾這件事，未必跟「性愛」或「感官的愉悅感」連結在一起。

清田：這麼說起來，剛才討論的車震事件，是因為氣氛與環境的因素，才讓感官獲得巨大的刺激與愉悅；但這個內衣男事件，光是真的當場拿到胸罩這件事，就已經讓他腦內的亢奮感破錶。這兩個人的差異還真是不一樣，討論起來十分有趣。

森田：說到我個人所經歷過最深刻的情慾體驗，很單純的就只是身體感官上的愉悅而已。這事情發生在大學時期，我跟一位男性友人到義大利旅遊兩星期，就在旅程的第十天左右，我忽然夢見有一位金髮美女走進我的房間，她躺在我身邊跟我溫存了起來，接著我就經歷了人生的第一次夢遺。在射精的瞬間，是我所經歷過最深刻的情慾體驗，雖然只是夢遺，但還滿爽的！

和子：夢遺……一樣都是射精，難道有什麼不一樣嗎？

清田：沒錯沒錯！夢遺超爽的，我高中時還會為了想要做春夢，而控制自己不要打手槍呢！

森田：我自己也覺得怎麼會這樣？我所經歷過最深刻、最強烈的情慾體驗，竟然是在夢中發生的，而且還是那種充滿刻板印象的金髮美女情節。儘管已經是約二十年前的故事了，到現在我對當時的感覺與記憶，還是非常清晰。

03 跟「性」扯不上邊的事，也能撩撥情慾

清田：在大部分的男性眼中，內衣或胸罩本來就是有些性暗示的貼身物品。但有一些完全跟性扯不上關係的東西，竟然也能引發對方的性慾？

森田：說到這個我就想起來，曾經聽男性友人說「體毛很性感」。

和子：一般來說，體毛跟性感無關，有些男人對於女性的體毛，甚至還會有「導致勃起障礙」的惡劣偏見。體毛到底哪裡性感了？

森田：剛剛說的這個男性友人，他曾經跟公司的女同事一起去吃飯，由於雙方聊得十分盡興，所以就說好了要回家續攤。在此之前，他只覺得對方是一個聊得來的同事，但沒想到當天續攤的氣氛忽然變得很曖昧，最後兩個人竟然還上床了。

清田：他從一開始就在等待這個機會吧？

森田：不不不，他說他自己也被這個出乎意料的發展給嚇到了。因為就在他們脫下外衣時，他忽然看見對方的腿上，有著明顯未經修剪的雜毛，才忽然有了衝動。因為那些雜毛讓他聯想到：「原來她也有沒預料到，今天會跟我共處一室啊」，這個念頭讓男生興奮不已，最後還說這是他體驗過最能撩撥情慾的瞬間。

清田：在某個地點或做了什麼事情的瞬間，忽然打開了「性慾」的開關，這完全要看人或看場合，所發生的結果也各有不同。

和子：在剛剛那個案例中，男方因為女方的某個原因而被撩撥，並且因此感到興奮。換句話說，這個男人是因為這個女人而產生性衝動，這對女性來說是種誇獎。

森田：好像是這樣，跟前面的內衣事件有異曲同工之妙。在這個案例中，引發性衝動的不是體毛本身，而是男生對於「女方沒有特別處理過體毛」的想像，進而感到興奮、引爆性慾。

和子：對啊！面對沒有處理體毛的女生，不僅沒有指責她不像個女人，反而還為此感覺到亢奮，這也是很不錯的結果。話說，我之前提到的學生時代室友Aba，她曾經說過「性慾會從天而降」，一旦性慾忽然降臨，她就會在一瞬間超想跟眼前的男人來一下。

清田：從天而降這個說法，也太充滿藝術家的率性氣息了吧！

和子：問題是當性慾突然降臨時，哪怕眼前這個人是完全不認識的陌生人，她也想跟對方來一發。例如她就曾經分享過，在她還是國中生時，某天放學回家的路上她忽然感覺到性慾降臨，就跟當時路邊正在施工的工人大叔打起砲來。

清田：咦？

森田：跟創作靈感一樣忽然乍現？要說這是「行為藝術」是有點像啦，但這也太前衛了吧？

和子：好像也是。雖然我自己覺得這樣不太ＯＫ，但是在聽完她分享的故事後，也忍不住佩服她。

清田：國中生做這種事情，問題還滿大的。但從忠於自己的感覺（包括性衝動）這點來看，她確實異於常人。

和子：能坦承面對自己的性慾會突然降臨，這實在是讓人覺得讚嘆不已。不過如果是異性聽到這番告白，應該會被嚇到躲起來。說到底，男人還是比較喜歡被動的女性，這真是讓人遺憾啊。

清田：沒錯，大部分的男性對於女性的情慾，還是抱持否定的態度，甚至有人會認為「女生沒有情慾」。

04 上班前口交、在處女旁親熱

清田：我曾經聽過一個很棒的故事，是某個女性友人跟我分享的，她說她所經歷過最強烈的情慾體驗，是在男友出門上班的前一刻，幫他口交。

和子：聽起來很不錯，是那種「再不出門就來不及了，但是……」的感覺吧？

清田：因為在出門前匆忙的完事，所以女生的衣服上還沾了一點精液，但已經沒有時間處理了，所以只能稍微擦拭一下，就跟平常一樣去搭電車前往公司。在電車上，身旁都是再正常不過的通勤族，也沒有人用奇怪的眼光看她，但是前一刻剛做完壞壞的事，那種提心吊膽的心情與悖德感，讓她覺得超棒、超刺激！

森田：這跟清田之前說的跳躍性反差好像有點類似。

和子：可能有一部分很接近，但我的女性朋友們說，**最能撩撥情慾的其實是「不按牌理出牌的危險刺激感」**。

清田：不按牌理出牌的危險刺激感？

和子：也就是說，原本八竿子打不著的兩件事，如果被混搭在一起，會有超乎常理的刺激感。以剛剛的案例來說，就是把「一早出門上班的日常」跟「色情的口交」

在熟睡的和子身旁，有一對打得火熱的男女。

混搭在一起，這超乎常理的場景讓她變得特別興奮。

森田：原來如此。

和子：還有還有，剛剛那個說不按牌理出牌的危險刺激感，特別能引發情慾的人，她自己最深刻的情慾體驗，是一邊看迪士尼電影一邊跟砲友來一發。能把專門給小朋友看的「迪士尼電影」跟「揪砲友一發」混搭在一起，也真是服了她。

我以前的室友 Aba 也說過：「有一次跟男伴親熱時，和子也在同一個房間內，那次的經驗超刺激。」

清田：這是什麼狀況？當著妳的面打砲嗎？

和子：不是啦！是在我熟睡時所發生的事，當時我一點都沒發現。而且我那個時候還沒有性經驗，甚至會一直窮追不捨的問Aba說：「做愛是怎麼回事？舒服嗎？」所以對她來說，偷偷摸摸的在一個熟睡的處女旁邊與男伴親熱，是一件很刺激又很色的事情呢！

清田：和子變成「增加激情」的調味料了。

和子：對啊，我是個名為處女的調味料……雖然本身沒有性經驗，但是我這個辛香料可以讓別人的做愛過程更加刺激、更加歡愉。

清田：正因為毫無經驗的和子跟性愛這件事情的距離太遠，所以才大大增強了「混搭在一起的危險刺激感」，就好像在佛像前做愛一樣。

05 當友誼與情慾一起混搭

森田：我也知道那種把不相干的事情混搭在一起，有多麼危險刺激。例如，我有兩個女性朋友，曾因沒有趕上末班電車而跑來我家借宿，當時我們三個人擠在一起睡覺，雖然只有微微碰到彼此，但這種危險刺激又香豔的感覺，到現在我都還記得。

和子：男女一起睡在同一個空間，這也太香豔了吧！你這邊說把不相干的事情混搭在一起，指得應該就是「朋友關係」與「異性的身體接觸」吧？

清田：雖然我也有過很多次與異性朋友們同睡在一起的經驗，但從來沒有發現過什麼危險刺激的氣氛啊！

森田：呃……大概是因為我當時太年輕了啦！

清田：我當時也沒多老啊！

和子：一群男女同睡在一起，這件事情本身就是年輕的象徵不是嗎？

森田：說到年輕的回憶，在我學生時代也曾經跟一群朋友們，有男有女，五個人一起開車兜風。當時也發生過類似的事情！

和子：竟然還有？關於混搭在一起的這件事，你的經驗還真是豐富。

森田：當時我坐在後座的中間位置，有個跟我互有好感的女孩坐在我旁邊，忽然間她竟然握住我的手。

和子：這太……太那個了吧！

森田：因為當時我們都各自有交往的對象，所以我一瞬間心跳加速，噗通噗通的跳個不停，但她卻若無其事的看著窗外的風景，神色自若的跟大家聊天說話。我當時一邊心想「她也太厲害了吧」，然後一邊擔心著萬一被大家發現該怎麼辦？總之，我不太懂她當時這麼做的意思是？但我們之間的氣氛在當下立刻變得有點曖昧……。

清田：真不愧是調情高手！這真的是混搭在一起就非常危險刺激的回憶。那你們的手一直牽到什麼時候？

森田：記得在整個兜風的過程中，我們的手都一直牽著。雖然也是不動聲色的跟大家說話聊天，但我早已心不在焉了。

和子：這根本是《臉在新宿，身體在車裡》的劇情吧！

清田：那是什麼鬼？

和子：不是有一部這樣的A片嗎？一部停在路邊的車子裡，有個從車窗探出頭來的AV女優，表面上好像是探頭出來看風景，但車子裡男優正在對著她抽插。

森田：我們正在說充滿酸甜滋味的人生故事捏……。

和子：被我弄得這麼低俗，還真是抱歉。

06 偷窺女友裸體也能高潮

森田：和子所經歷過最深刻的情慾體驗是「斜對MAN的回憶」，而我則是「與義大利金髮美女的春夢」，那清田你呢？

清田：我啊？這個有點不知道該不該說，那是發生在我二十歲左右的事。我跟當時的女友一起去溫泉旅行，那邊有獨立的露天溫泉湯屋。

和子：想在兩個人都泡得溼答答時，趁機來一發對吧？

清田：當時是有這樣的期待啦！但是沒想到獨立的露天溫泉湯屋，竟然還分成男湯跟女湯，所以只好各自分開泡。

和子：這還真是特別。

清田：既然都特地來了，當然還是得去泡一下溫泉。由於那個溫泉湯屋的設計，只用石頭堆起來的小矮牆來分隔男、女湯。加上在我們泡湯時，剛好也沒有其他人在場，所以我們兩個人自然而然的就隔著石牆聊起天來。當我洗頭洗到一半，忽然看見那道牆邊好像有什麼地方怪怪的，定睛一看，才發現在一個不應該出現洗澡矮凳的地方，竟然放了一只凳子。

森田：為什麼會覺得怪怪的？

清田：因為那張洗澡矮凳被擺在石牆的角落，怎麼看怎麼怪，所以我就走過去一探究竟。沒想到在矮凳上方的石牆處，竟然有一個岩石間的縫隙，大到可以被當成偷窺孔來使用。既然都被我發現了，那就是無論如何都一定要去看一下的啊！

和子：竟然跑去偷窺，太過分了！但想像一下當時的畫面，確實還滿好笑的。

清田：我在偷看的當下也是全裸啊！然後我就從那個石牆縫隙中，看見女友正在洗頭的樣子，不知道為什麼，那畫面讓我整個亢奮起來。這應該可以說是我經歷過最深刻的情慾體驗。不過，我說完才想到，這應該是犯罪吧？

森田：當然是犯罪，雖然當時你知道女湯內就只有你女友一個人，但偷窺就是偷窺。

和子：這該怎麼說，應該是有點接近灰色地帶吧？畢竟被偷窺的對象是你女朋友，平常應該有很多能看到她裸體的機會。但是已經看過這麼多次了，為什麼這次會有特別亢奮的反應？我對這一點十分感到好奇。

清田：雖然之前也是有過一起泡澡的經驗，但是當我從石牆的縫隙中，看到正在洗頭的女友裸體，我還是興奮到情慾高漲的地步。講得粗俗一點，我幾乎亢奮到想要當場自己嚕一管解決了。

和子：竟然爽成這樣……。

清田：我後來又重新回想，為什麼當時的我會亢奮到這種地步？有可能是因為聯想到「我可以這樣偷窺她，代表其他男人也會用這種色色的眼光打量她」，一瞬間占有慾爆棚所致。

森田：你大概搞錯了。類似偷窺這種違法或悖德的行為，本來就會讓人產生刺激感。而且以你當時的狀態，你跟你女友之間可能產生了心理距離，才導致這個反應。

和子：心理距離？

森田：廣報在之前的廣播節目中曾分享過，他某天在路上遇到自己的女友，結果產生了強烈的性衝動。因為當時他的女友帶著與平常相處時完全不一樣的嚴肅表情，讓他瞬間超想來一發，而且他還立刻把女友抓來逞慾了。所以清田的偷窺事件，應該是因為從湯屋的岩石縫隙中，看見女友的另一種樣子，所以特別感到興奮。

07 激烈爭吵後的性愛，感覺也特別激烈

森田：說到另一種樣子與情慾之間的關係，我自己的經驗是「激烈爭吵後的性愛，也會特別激烈」。因為兩個人在吵架時，多半是由於無法容忍對方的某些言行，也就是跟對方的另一面發生衝突。所以兩個人在吵完架後，因為強烈感受到對方的另一面魅力，所以引發的性慾也更有刺激的新鮮感。

和子：原來是這樣。不過，我從來沒有跟交往對象吵過架，所以也無從求證，但我是個很討厭吵架的人，也因為很討厭吵架，所以當彼此快要發生衝突時，我都是先退讓的一方。如果真的遇到讓人生氣的朋友或男友，我就會馬上把自己的情感都關起來。

清田：我也幾乎沒有跟對方吵過架，所以我懂妳的心情。

森田：沒有吵過架當然是再好不過，但從「伴侶不為人知的另一面」與「情慾」的關聯性來看，彼此之間如果太過了解，反而會讓兩個人都性趣缺缺，變成無性生活的狀態。但老實說，不論跟對方有多親密，對方畢竟不是自己，永遠都可能有你不知道的另一面。

清田：原來如此，那換句話說「如果沒有想要知道對方什麼事」、「也沒有想要跟對方有更緊密的關係」，那這兩個人之間應該就不會有什麼性愛關係。

森田：兩個人之所以會發展成無性生活，有各式各樣複雜的原因，所遭遇的狀況也都因人而異。

和子：話說，我有一位跟男友同居卻過著無性生活的朋友，她曾經說過在知道男友出軌的時候，反而天天都想要跟男友來一下。尤其當她偷看男友手機，發現男友外遇的訊息對話，以及肉搜小三資料的時候，不知道為什麼性慾就忽然高漲了起來。

清田：這種反應也太有趣了吧！

和子：為什麼發現對方外遇，反而會重新燃起性趣呢？尤其她說自己明明是被劈腿的一方，但是不知道為什麼，卻對這個外遇的男友充滿性慾。當時我們兩個百思不得其解，但是在聽到剛剛的討論之後，我好像稍微有點得到答案了。

森田：關於不為人知的另一面與情慾的關係，或許改天可以再來深入討論，應該還有許多有趣的話題。

清田：沒想到會從偷窺牽扯到這一大串。

森田：你能坦白過去的罪行，也是很有價值啦！

清田：偷窺真的不是一個好行為，請大家一定不要這樣做，拜託。

第六章

分手後的戀愛遺產，你捨得放手嗎？

所謂的戀愛遺產，就是指分手後對方所留下來的各種東西，例如「對方送的項鍊」或「房間一角裡有他（她）的衣物」等，這些是一般比較主流的物品；另外也有像是「對方留下的味道」、「前男友設定預錄的電視節目」等比較非主流的戀愛遺產。

本章將圍繞著戀愛遺產這個主題，為大家挖掘出各種難忘的愛情故事。

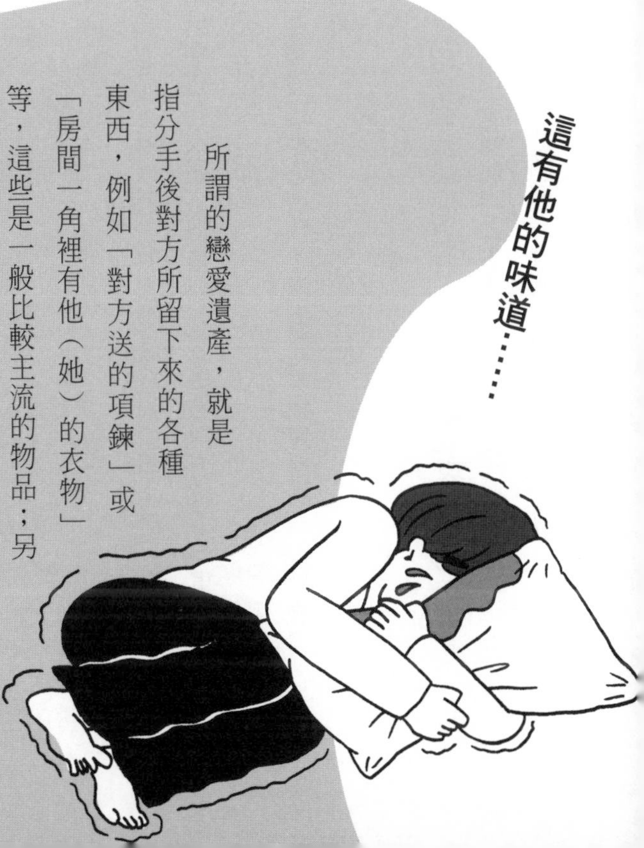

和子：分手後要怎麼處理對方留在自己家裡的東西？這真是一件讓人困擾的事。再怎麼說，這些東西都是有主人的，隨意丟棄好像也不太好。

清田：對啊，就算是整理好要還給對方也是一件很麻煩的事。畢竟事已至此，應該不會再想跟對方碰面，這些實際上應該被丟掉的東西，最後都變成戀愛遺產。

森田：我跟前女友分手後，我們是有將放在各自家裡的東西都打包好，請快遞送還給對方。

清田：這樣感覺好像有點冷酷。

森田：畢竟已經是完全死心的狀態了。

和子：因為我是身材高大的女高個兒，所以對方的衣服通常我也都能穿。就我的情況來說，在分手之後，我會經常借穿這些衣服。但是要怎麼處理對方留下的東西或曾經送過的禮物，在做法跟態度上完全是因人而異。

清田：我是屬於那種捨不得清空戀愛遺產的人，不過有時候也會遇到一些無論如何都留不住的東西，例如氣味之類的。

和子：味道也能是戀愛遺產？

清田：這是我自己的經歷啦！當時在我的房間裡有一顆專門給女友使用的枕頭，可能是因為我們交往的時間比較長，所以這顆枕頭上也沾滿了女友的髮香。以至於在分手後的好長一段時間裡，我在夜裡都還會把頭埋進這顆枕頭裡，聞著枕頭上的味道

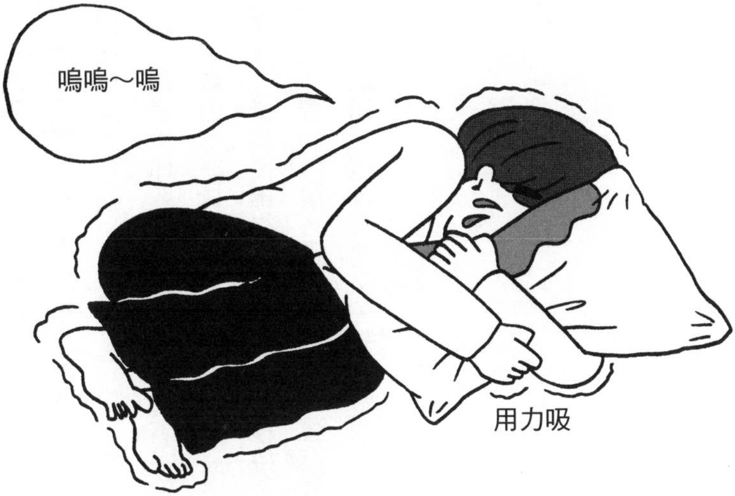

把臉埋在枕頭痛哭的清田。

依依不捨，都數不清有多少次了。

和子：這故事好沉重。

清田：有可能是因為她總在洗完澡後，頭髮還有一點溼氣的時候就窩上床睡覺，所以枕頭上特別容易留下她的頭髮香味。

森田：在抱著枕頭聞氣味時，你心情應該也不好過吧！

清田：雖然我知道隨時間過去，味道一定會越來越淡，但是當氣味真的消散時，我還是難過到不行，甚至還在心裡大喊：「拜託！不要讓這些回憶都消失不見……。」

和子：像味道這種沒有形體的戀愛遺產，很容易就會煙消雲散。

森田：說到沒有形體的東西，還有那種被對方傳染的口頭禪或生活習慣等，這些即使在分手後，也會不自覺被保留下來，變成戀愛遺產。

清田：沒錯。我在國小時喜歡過一個叫做夏代的女生，那時我曾偷偷模仿過她拿鉛筆的姿勢，結果學著學著就變成習慣了。直到現在，我拿筆寫字的方式都還維持著當時的樣子。

和子：你竟然直接把對方的名字說出來！

森田：雖然拿筆的姿勢只是一個不起眼的小動作，但實際上的影響範圍可能很深遠。例如清田從學生時代，就維持著這個姿勢拿筆寫字、讀書、升學，到現在邁入四十多歲的階段，還是一直維持著這個姿勢拿筆寫字，從事跟寫作有關的工作。

清田：這樣說起來，夏代對我的影響真大。

01 另一半還保留前任送的CD

清田：接下來要分享一個戀愛遺產的故事，是桃山商事的候補隊員「熊田機師」他的親身經歷。

和子：我沒有見過熊田，而且為什麼他的名字後面要加上機師這個稱號？

森田：因為他的職業就是飛機機師。

和子：原來不是什麼有哏的綽號，而是正式的工作職銜。

清田：對啊，他現在每天都在空中飛來飛去。我們先回到這個故事，這發生在熊田二十歲左右，當時他跟名字叫由美子的女友一起開車出門兜風。由於開的是女友老家的車，所以熊田坐在副駕駛的座位上，由女友開車。當時他想聽個音樂，就順手拿起他身邊一張寫著「由美子七」的複寫光碟。

和子：由美子七？聽起來好像是偶像團體喔，例如「神七」（按：在日本偶像團體 AKB48 的選拔會中，入選前七名的成員會被暱稱為神七）。

清田：我有看過這個由美子一次喔！她在大型航空公司當空姐，長得非常清秀。

和子：機師跟空姐的情侶組合，太登對了！

清田：之後呢，熊田機師看著這張寫著由美子七的ＣＤ，猜想可能是女友自己精選的歌單，所以也沒多想，就把ＣＤ放進音響裡播放。沒想到播出來的音樂竟然是節奏強烈、重拍的次文化街頭嘻哈音樂。

和子：咦，這反差也太大了吧？

清田：原來「由美子七」，是由美子前男友幫她挑選的第七張歌單選輯。然後熊田就這麼一邊聽著重節奏的嘻哈音樂，一邊想像著由美子那個個性叛逆的前男友，也曾經坐在這個副駕駛座上，心中就滿滿的不是滋味。另外，熊田也對於這個外表文靜清秀的空姐女友，竟然也會聽這種類型這麼強烈的音樂，而感到震驚。

森田：「聽嘻哈音樂等於個性叛逆」這種標籤化的想法好老派，不小心脫口攻擊了熊田。

清田：畢竟他是保守又大男人的九州男人啊！

和子：這麼說起來，如果是聽偶像「嵐」或音樂團體「美夢成真」等一般流行音樂，他應該會比較放心。

清田：發現對方身邊有著前任所留下的物品，這種情況似乎很常發生。但像是由美子七這種跟平常形象有著極大反差的戀愛遺產，確實會讓人嚇一大跳。

和子：也是有許多情侶間的猜忌或爭執事件，是發生在交往的一開始，因為發現對方家裡還留有一堆戀愛遺產而導致。

02 被戀愛遺產擊潰的男性尊嚴

清田：確實是很常聽到因為戀愛遺產而引發爭執的故事。

森田：沒錯，我有一位女性朋友就曾經說過一個類似的故事，是她與交往多年的前男友分手後，與新男友在交往初期所發生的事。

和子：那可是熱戀的蜜月期。

森田：他們當時確實很甜蜜，每天下班後都約會。沒多久，這個新男友第一次到她家拜訪。原本不打算留宿，卻臨時演變成要過夜，但總不能穿著西裝睡覺吧？

清田：這種意外很常發生。

森田：因為他們兩個才剛開始交往不久，所以男方想要好好把握這次機會，讓兩個人的關係可以更進一步。但是這男生竟然不識相的說：「這裡應該還有你前男友所留下來的居家服吧？可以拿來借我嗎？」

清田：自以為是的傲慢男登場。

森田：剛開始女方當然是直接拒絕了，但男方無視她的拒絕，繼續糾纏著要她拿前男友的居家服出來借給自己穿。

和子：這種故意踩雷的白目行為，大概是為了表現出「我不在意之前的事」，同時也帶有想要超越前男友取而代之的企圖。

森田：但是問題來了，她前男友是個身高一百九十公分的大高個兒，但這位新男友，卻是個身高不滿一百七十公分的迷你馬。因此被迫拿出來的前男友居家服，穿在新男友身上簡直就像是小孩偷穿大人衣服一樣，鬆垮又不合身。

清田：我彷彿能看到這傢伙穿著的一臉囧樣。

森田：當她看到新男友穿著不合身的居家服，一臉苦情的樣子，她開始反省自己，覺得自己實在太不應該了。

和子：她完全沒有必要反省，畢竟這是對方自己提出的強烈要求。雖然這個男生的下場有點慘，我想他應該也很猶豫要不要這樣穿著走出去，不過自己先開口的，到這時候已經騎虎難下。

清田：對啊，要在那情況下換好衣服走出來，真讓人煎熬。而且最讓人懊惱的，大概是因為身高這件事打擊了他的男性尊嚴，畢竟他在這件事情上面可以說是完敗。

森田：原本充滿自信的想要取代前男友在她心中的地位，卻被一個身高問題澈底擊垮。像這種想要較勁的男性特質，常會出現在我們節目的討論中。不過他們後來還是交往得十分順利，最後還結婚了。

和子：真是可喜可賀！

03 有著逝去青春回憶的口香糖

和子：換我也來分享一個學生時期的回憶。記得讀高中的時候，某天我暗戀的對象忽然給了我一片口香糖，我開心到捨不得吃掉，就一直把它放在書包裡。

森田：真可愛。

和子：後來時間就這麼一天天過去，而我也成為了大學生。有天心想，好像差不多該把這舊書包給丟了，於是打開一看，發現裡面有一片已經融化，糊掉的口香糖，我一時間還困惑了一下，想說這是什麼奇怪的東西。後來才驚覺，原來這是當時的那片口香糖！曾經這麼重視且珍藏的口香糖，後來竟然變成這副模樣，這樣的我真是不太ＯＫ。

清田：這還好啦，沒什麼問題。

森田：這挺有意思的，這片口香糖的意義，經過了好幾次的轉變。一開始是和子重視且珍藏的口香糖，卻不知道在什麼時候，變成無關緊要的東西，最後甚至被全然遺忘，變成廢棄物。等到再次發現它，這片口香糖就像是時光機一樣，喚醒自己當時的情懷，並且在心中激起漣漪。

清田：我剛剛聽到一半，腦海中浮現的畫面是：「後來妳只要一聞到那個帶有口香糖氣味的書包，就會想起跟暗戀對象之間的回憶。」

和子：「像清田把臉埋進枕頭那樣，我也把頭塞進書包裡」，你是說這個嗎？才不會，我絕對不會這樣做！

清田：就像是小說家田山花袋的著作《棉被》的故事（按：《棉被》故事中的著名場景，是主角竹中時雄在心儀的對象芳子離去後，他蓋著芳子使用過的棉被，感受著棉被上所殘留的餘香）。像妳收藏口香糖的故事一樣，我也常會做出類似的行為，例如心儀對象所給我的小東西，像是便條紙的夾子、寫有筆記的字條等，我都會好好的珍藏起來。

和子：連這麼細碎的東西都要保留下來，清田是松鼠嗎？

森田：這跟禮物的意義完全不同吧？對方根本沒有「要送你東西」的意思啊！雖然東西給你之後，你要怎麼處置或使用都隨便你，但自以為的把這些東西當成戀愛遺產，對方可能會感覺不舒服吧？

清田：好像是耶，我從來都沒有想過，如果對方知道以後會是什麼樣的心情。

和子：那個給我口香糖的男生，應該早就忘記自己做過這件事了。他可能作夢也沒想到，這件事竟然會被我們拿來節目中討論。

04 塞滿戀愛遺產的回憶箱

清田：或許這樣會讓對方有點尷尬，但到目前為止，所有的戀愛遺產我都好好的收藏著，例如初戀女友沒帶走的髮圈等，我全部都捨不得丟。

森田：髮圈啊……這也是那種很容易引人遐想的戀愛遺產。

和子：對啊，感覺這類貼身物品上殘存了對方的細胞，好像有點那個。

森田：遺產是細胞。話說，為什麼清田丟不掉這些戀愛遺產？是想保留當時的心情？還是想透過這些東西來睹物思人？

清田：呃……其實我也沒有認真思考過這個問題耶，純粹就只是習慣罷了，所以也沒有特別動過想要丟掉這些東西的念頭。不過我對我自己的東西也是這樣處理的，例如以前的日記本、舊照片、學生時代的足球隊制服等，這些瑣碎的小東西，都跟我的戀愛遺產一起被收起來。

所以我有個被稱為回憶箱的鞋盒，裡面裝滿了書信、交換日記，以及刊登過暗戀對象照片的雜誌等。各式各樣的戀愛遺產都被放在裡面，包括剛剛說的髮圈也是。

森田：所以你是預先準備了一個收納箱，然後沒多想也沒經過篩選，就一直把東西往裡面放，是這樣嗎？

清田：大概是這樣沒錯，所以就算我打開回憶箱，也不會有什麼感傷的情緒，而平常也不會意識到有這些東西存在。大概因為我是個不擅長丟東西的人，所以對於任何東西的基本態度都是先收起來好了。

森田：對於這些東西的態度，每個人都不太一樣，也是有跟清田相反，一分手就立刻把對方東西都丟光的人。

05 電視突然播起前男友愛看的節目

森田：除了全部都留下來或是全部丟掉，還有一些是那種需要經過一段時間，才捨得丟掉的戀愛遺產。例如觀眾漁夫的女兒也分享過一個有點特別的故事，就是節目預錄設定變成戀愛遺產。

和子：節目預錄設定？

森田：漁夫的女兒有一任男友的嗜好是釣魚，所以他每週六晚上都會固定收看東京電視臺所播放的釣魚節目，甚至為了避免去女方家約會時，錯過了節目的播放時間，還特別把兩邊住處的電視都設定了自動預錄。不過因為漁夫的女兒本身也喜歡釣魚，所以兩個人有時也會一起收看節目播出。

清田：真不愧是正港漁夫的女兒！我記得她父親在靜岡縣的下田市，從事金目鯛的捕撈工作。

森田：沒錯。但令人遺憾的是，她跟這位喜歡釣魚的男友，進展得並不順利，所以後來就分手了。就在他們分手後的隔週六，漁夫的女兒整天都窩在家裡沒有心情外出，結果傍晚時間一到，電視忽然自己打開，一如往常的開始播放那個釣魚節目。

和子：這畫面根本是在傷口上撒鹽，那個電視也太不會看人臉色了。

森田：她被電視嚇了一跳，又因此陷入悲傷的情緒之中。但是在那個時候，她怎麼樣都無法動手解除這個預錄的設定，只好一直擱置它，就這麼過了大半年。

清田：我完完全全能體會她當時無法解除預錄設定的心情。是真的做不到，真的無法⋯⋯。

和子：清田果然對這情境超有共鳴，真不愧是狂聞枕頭氣味的男子！那在這大半年的時間之中，漁夫的女兒又抱持著什麼樣的心情在收看釣魚節目？

森田：雖然她後來持續收看這個節目，變成是生活中的一部分。但一直到年底大掃除時，她突然像是被雷打到一般，覺得「差不多該是向過去道別的時候了」，於是毅然決然的把節目預錄設定給解除。

和子：這是個不錯的故事，尤其是她最後出於自己的意志，把設定給解除了。當初如果把這件事情拿去跟朋友討論，一定會被碎唸說：「像這種東西，在分手時就應該要立刻刪除才對啊！」

清田：大家對於別人的戀愛遺產都很嚴苛。

森田：畢竟這多半會被當成是依依不捨，還沒走出情傷。

清田：但是回到漁夫的女兒這個預錄節目的案例中，其實過沒多久，收看節目就變成是她生活中的一部分，跟「舊情難忘」沒什麼關係。尤其**當我們在說戀愛遺產這**

件事時，通常是指前一段戀情，已經死亡走入「過去式」。如果對這些東西還舊情難忘，表示這段戀情還沒結束、還沒死透，就不是我們說的戀愛遺產了。

森田：所以無論是清田的回憶箱，還是漁夫女兒的節目預錄設定，這些都是屬於已經過去的狀態。就算看著這些東西，會讓人想起與前任相處的點滴，但已經不會再有悲傷或難過的感覺了。

06 怎麼樣才算真正走出情傷？

清田：熊谷晉一郎醫生曾經發表過《讓你不再一個人感到痛苦的「痛苦學」》（青土社出版），也曾經參與過「當事人研究」社團（按：致力於研究每個當事人「自己所遇到的狀況」，透過重新審視自我的方式，分析出這些狀況的隱含意義、心理機轉與解決方案），他在演講中就曾經說過：「痛苦的記憶分為兩個階段，這兩個階段的差別，就像是英文中『Remember』跟『Know』的差異。」

和子：Remember 還算好理解，就是回憶嘛！但 Know 的意思是理解、知道，這跟記憶有什麼關係呢？

清田：Remember 代表的是那些你已經接受並經過處理，且做出結論的事情，這些事情被當成在過去已經完成，所以就算從回憶箱拿出來看，也不會覺得悲傷或難過。至於 Know，則是那些雖然你知道，但現在還沒有辦法處理、無法歸納、也沒辦法真心接受的事物。因為還忘不了這些記憶，所以時不時就會冒出來，讓人以為現在仍在進行中。

簡單來說，Know 會讓人瞬間重現當時的心境，例如當你去回想一件國中時期最痛苦難堪的回憶，在回想的同時，是不是仍感到丟臉呢？

和子：沒錯，丟臉死了！

清田：那種感覺，就是 Know 型回憶最直接的感受。

和子：原來如此。「Remember 型回憶」是已經被整理好且釋懷的過往事物；而「Know 型回憶」則是那些還沒處理好、我們還會在意的事物。正因為還沒整理好、也完全無法釋懷，所以當我們現在回想起來，特別會有一種想死的感覺。

清田：用電腦來比喻的話，那些放在資料夾中，已經分門別類整理好的檔案資料，就是 Remember 型回憶，而散落在桌面上的各種檔案，就是 Know 型回憶。

和子：這樣舉例還滿好理解的。

森田：所以清田的回憶箱，就是他的資料夾囉！

清田：這些東西都是我的 Remember 型回憶，應該是這樣。

和子：那漁夫女兒的節目預錄設定，最早應該是 Know 型回憶，但過了某個時間點後，轉變成為 Remember 型回憶。

清田：就是這樣。一般人認為走出情傷，是指能忘掉前一段戀情。但其實並非如此，我認為當你回想起過往兩人的甜蜜回憶，不會感覺到難過或痛苦，就算是走出失戀狀態了，也就是說你的失戀痛苦已經變成 Remember 型回憶。就像是漁夫的女兒，在面對失戀痛苦的半年後，總算是走出來了。

森田：就像是清田跟他前面所提到那個交往六年的女朋友分手後，清田足足花了三年才走出失戀的情傷狀態。而且還曾經有一段時間，他每週都會夢見前女友三次。讓他來談失戀的話題，確實相當有說服力。

清田：畢竟，我可是跟 Know 型記憶交手了三年。

07 繼續使用前男友送的電腦

和子：除了剛剛那些案例，我這邊也有一個連 Remember 型回憶都算不上的戀愛遺產。

清田：也就是說，雖然是從前一段戀愛中所留下來的東西，但無論再怎麼朝夕相處也不會因此想起前任，似乎也有這種案例。

和子：我有一位女性友人，她在當了一陣子上班族後，轉職成為文字類的自由工作者。她當時的男友送了她一部 MacBook Air，當作慶生與慶祝轉職的禮物。

森田：很實用的禮物，出手相當大方！

和子：但後來他們分手之後，她還是繼續使用那部 MacBook Air，到現在還是一直都用它來寫稿。

清田：這樣每次開機時，聽到 Mac 的開機聲，不就又會想起前男友……。

和子：一般來說好像應該要這樣，但實際上卻沒有發生，她純粹只是把 Mac 當成是好用的工具罷了。不過她這個行為在旁觀者的眼中，彷彿是一件很詭異的事，甚至還因此被朋友唸：「妳竟然還在用前男友送妳的東西，真是讓人不敢相信」、「妳就是因為這樣，才會交不到新男友」，讓她覺得非常厭煩。

森田：身邊總是有許多自以為是又愛多管閒事的人。

清田：既然對她來說，這部電腦連 Remember 型回憶都稱不上，那應該沒差吧？

和子：她也收過許多實用的禮物，例如她現在還在使用的特福（Tefal）鍋，就是前男友送的。

森田：從送禮的角度來看，自己送給對方的東西能被這樣愛用，確實會讓人很開心。哪怕自己已經被淡忘到連 Remember 型回憶都稱不上，但至少這些送給對方的禮物，都還能派上用場。

和子：如果這些東西終將會變成戀愛遺產，那實用性較高的禮物，比較不會有個人品味的問題，例如之後分手了，特福鍋還是能繼續使用，但蒂芬妮（Tiffany）的飾品，如果不是對方喜歡的款式，幾乎就不會再戴第二次。變成讓人不知如何是好的戀愛遺產，不過，現在可以拿去二手拍賣平臺賣掉，稍微還好一點。

森田：沒錯，二手拍賣平臺出現後，處理戀愛遺產的管道又多了一個新選項。畢竟有些東西價格比較高，要直接丟掉的話，心裡多少有點捨不得。但如果能順利拍賣成功，就能稍微減輕一點罪惡感。說不定在二手拍賣平臺裡，有不少商品都是別人的戀愛遺產！

清田：戀愛遺產的命運真是各有不同，有些變成對方日常生活的一部分，有些則被拿去拍賣兌現。

森田：還有一些戀愛遺產是無形的，例如當初受到對方的影響，進而開始對某件事物產生興趣、又或是受到對方影響，養成了什麼生活習慣，這些大多都在後來成為自己的一部分。當然戀愛遺產也包括像是清田的回憶箱，這種不論什麼「總之就先收起來」的類別。

和子：從握筆姿勢、大尺碼的居家服、味道、節目的預錄設定、MacBook Air等，戀愛遺產的內容還真是多元。

森田：在本章的討論中，有幸聽到清田的失戀理論、能坦然把自己糟糕的一面揭露出來，真的很難得，非常感謝你。

清田：畢竟經歷過這些事情，才有現在的自己。今後我也會繼續蒐集跟回憶相關的事物。

和子：果然清田根本是隻松鼠！

第七章

戀愛中的「一個不小心」，是增溫還是扣分？

無論是男友一個不小心放了屁，還是自己一個疏忽被對方劈腿，戀愛中的「一個不小心」，很容易讓人有負面的印象。不過，也有因為一個不小心而拉近彼此距離，進而展開戀情、又或是因為一個不小心而真情流露，展現出自己的真性情等。一個不小心究竟是好事？還是壞事？其中的界限又在哪裡呢？

清田：我們多年來一直有個持續探討的主題，就是戀愛中的「一個不小心」。

和子：說到戀愛中不小心出糗的場景，腦海中應該會立刻浮現出，在戀人面前忍不住打嗝或放屁的畫面吧！

森田：這可以說是不小心出糗的基本款。我想到有個女性朋友，她曾經跟我分享過「因為男友在她面前放屁，而感到開心」的故事。

和子：咦？正常來說被屁攻擊，應該會很不爽才對吧？

森田：據說她那位男友不但頭腦好、聰明又溫柔、還很帥，可以說是近乎完美的男性。不過因為對方沒有任何缺點，所以就算兩個人已經交往了半年左右，她還是覺得男友讓她很有距離感。直到某天，男友跟往常一樣到她家，然後就在某個片刻，不小心放了一個屁。

清田：這應該是她男友第一次在她面前放屁吧？

森田：好像是這樣。當時她驚訝的看向男友，結果她男友不好意思的笑了笑。這個瞬間，讓那位女性朋友感覺拉近了距離，並因此感到開心。

和子：令人開心的屁？

清田：這是因為一直以來，她男友都表現得零缺點，於是那片刻的鬆懈，對她來說反而是「他已經對我卸下心防」的訊號。

和子：幸好是個貨真價實的屁。

放屁到底會破壞感情，還是會讓兩個人的距離變近呢……。

清田：屁還有分？

和子：因為屁也有那種為了胡鬧、玩耍或惡作劇所故意弄出來的人工培養屁，像這種屁只會讓人反感吧！因為是一個不小心所冒出來的純天然屁，所以會讓對方有拉近距離的感覺，但如果是故意弄出來的人工培養屁，效果就會差很多。

森田：竟然還用人工培養來形容，又不是在養魚。那熟睡屁又是哪一種？這種在睡覺時自然流露的屁，肯定超天然的吧。

清田：這已經不是一個不小心的狀況了吧？

森田：睡眠就是完全不用小心的極致鬆懈狀態。像這種完全沒有防備的睡眠型態，應該也可以列入一個不小心的清單裡？

清田：被你這麼一說，好像真的是這樣。尤其我們的睡姿或睡相，本來就無法控制，如果身旁不是能夠讓自己完全相信的人，應該也睡不安穩。

和子：之前因為工作的關係跟一個高中小男生聊天，他說：「曾經在上課時有某個女同學因為睏意入侵，不小心打瞌睡。看著她不小心睡著的臉，瞬間有一種愛上她的感覺。」像這種戀愛情節應該也算是某一種一個不小心吧？

清田：確實有聽過因為對方流露出毫無防備的姿態，而瞬間感到心動的故事。

01 「生理期」的正面與負面意義

和子：還有一個跟屁完全無關的狀況，就是當女生跟男朋友之間的關係越親密也越熟悉後，常常會一個不小心就跟對方討論起自己生理期的狀況，例如脫口說出「今天的出血量很大」之類的話。

森田：這也太血淋淋了。

和子：同女性之間描述自己的生理期狀況很常見，但當對方是異性時，不論交情再怎麼好，都很難把這件事拿來當話題。如果對象是男友，好像又沒有這一層顧忌了。

清田：這是因為信任對方，所以能毫無顧慮的關係嗎？

和子：可能是喔！因為對我來說，比起性愛的話題，要討論這種關於身體的私密狀態，門檻其實很高。就像我以前，跟剛剛交往不久的男友一起計畫去旅行時，我就無法開口向對方說，那個時間可能會遇到我的生理期，甚至為了要讓生理期跟旅遊行程錯開，還自己偷偷吃藥調整時間。

可是等到在一起久了，我也變得敢當面跟他說：「旅行排在這幾天，會剛好遇上我的生理期。」所以你們兩個，有遇過女生會跟你們討論生理期的事情嗎？

清田：有，我老婆就常會跟我說。

森田：我也遇過有女生朋友會跟我說「她今天生理期，現在很不舒服」。聽她這樣說，我一邊擔心她的身體狀況，一邊也對於她願意跟我分享這件事而感到開心。

清田：如果從信任或是毫無顧慮的角度來看，一個不小心也是有正面的意義呢。

02 爛醉噴屎也能噴出愛苗？

森田：另外像是喝酒，也很容易讓人陷入毫無防備的狀態。

和子：說到喝醉後的一個不小心，就讓我想起某男性友人曾經在小酒館裡喝茫了之後，一個不小心就朝初次見面的女生包包裡狂吐，而且還是女生新買的包！

清田：真的假的？通常喝醉之後，不是應該要出現「雙方滋生愛苗」的情節？

和子：他們兩個後來也確實成為情侶了。我想大概是因為男方不勝酒力，露出酒醉之後毫無掩飾的真性情，反而拉近兩人之間的距離，進而發展成男女朋友的關係。

清田：原來如此。雖然表現出來是毫不受控、爛醉狂吐的畫面，但也是平常不會展現的一面。用這種方式表現出自己的真性情，確實能縮短兩人之間的情感距離！

森田：我這邊也有一個跟喝醉有關的故事，主角是我認識的一對夫妻，他們也發生過類似的事情，只不過他們的故事內容不是爛醉狂吐，而是爛醉噴屎。

和子：我們淨說一些屎、尿、屁跟嘔吐物之類的東西，真的沒有關係嗎？

森田：被妳一說，好像有比平常討論的話題口味還要更重一點。先回到剛剛那對夫妻的故事，當時他們還是情侶，某天女方在居酒屋喝掛了，在幾乎斷片的情況下去上廁所，結果把人家的廁所噴得整間都是，聽說連廁所牆壁都沾到大便。

清田：大個便還能噴到牆上，這是什麼可怕的威力？

森田：超不可思議的！總之，當時的畫面非常慘烈，也無法請店員來幫忙善後，所以男生只好一力承擔的扛下來處理。但是在整個處理過程中，男方沒有露出一絲不悅，甚至還把女方帶回家仔細清理照顧。直到隔天醒來，那女生想起昨晚所發生的事情，心裡想說：「完蛋了，肯定會被甩。」於是開口向男方道歉，沒想到男生竟然笑著說：「我們這樣好像一家人喔！」這件事讓女生非常感動，也因為這個過程，讓他們最後選擇步入婚姻生活。

清田：是個看起來很噁心，但有動人結局的故事。

03 硬「ㄍㄧㄥ」的男友，讓人覺得很寂寞！

和子：但我的故事剛好相反。曾經有一任前男友在我面前喝醉，他在店裡已經吐過幾輪了，走起路來也搖搖晃晃的，於是我就把他帶回我家休息。

森田：這段劇情看起來跟前面有點類似。

和子：但是他進到我家之後，就躲在廁所裡不出來，連我要拿水給他，他也拒絕我說：「先不要管我，讓我一個人待在這裡一下。」堅決不讓我照顧，最後竟然還自顧自的走出廁所回自己家了。他這種反應讓我相當難過，畢竟我都不在乎他的樣子，想要照顧爛醉的他了，沒想到他竟然……。

森田：或許是因為他不想讓妳看到自己糟糕的死樣子。

和子：也是有可能啦！但是想到他都醉得瀕臨斷片了，還硬撐著不讓我照顧，真是讓我難過又感到寂寞，到底我對他來說算什麼？

清田：有些人就是沒辦法在別人面前放鬆，也不願意被別人看見自己脆弱的一面。他們越是逞強，就越讓別人覺得有距離，雖然他們自己可能不會發現，但對於在意他們的人來說，確實會感到很受傷。

森田：從和子嘴裡聽到寂寞這兩個字，實在是很難得。但試著想像一下當時的畫面，也是能體會那種失落感啦。

和子：會嗎？

森田：畢竟當和子在說自己的事情時，講話通常都滿辛辣的。

清田：對啊！原來和子也有寂寞的時候。

和子：當然有，我超寂寞的好嗎！昨天晚上我在交友 App 上，隨手對七十幾個男性按讚呢！再這麼孤單下去，我可能會寂寞到死。

清田：這情節好像是漫畫家永田 Kabi 的書《我可以被擁抱嗎？因為太過寂寞而叫了蕾絲邊應召》（臺灣東販出版）。

和子：沒有男朋友很寂寞，有了男朋友也很寂寞，真是寂寞的人生，嗚嗚……。

森田：做人真難！

04 為了表現男子氣概而幹的蠢事

和子：剛剛那個拒絕讓我照顧的前男友，還對我說過很多惡劣的話，例如「不管怎麼看，都覺得妳沒什麼異性緣」、「妳就算想劈腿，也找不到對象的啦」、「妳這個樣子，不會有人想要妳的」等，講話這麼機車也是一個不小心嗎？

清田：他這些話比較像是在對妳精神虐待，哪是什麼一個不小心。

森田：我也這麼覺得。他說這些話的用意，並不是疏忽，其實是要灌輸妳「因為妳沒有什麼女性魅力，所以不要離開我會比較好」，想用貶低妳的方式來提高自己存在的價值。某種程度上，這反而會讓人覺得，他想拚死守住男朋友的這個身分。

清田：沒錯，先讓對方沒有自信，然後再用這種方式在精神上綁架她，這通常是「情緒勒索者」慣用的技倆。話說，當和子被這麼批評的當下，妳自己的感覺是？

和子：雖然我心裡也是會有「啥，你在說什麼」的疑問，但實際上我真的沒有什麼異性緣，所以最後也就不自覺的陪著呵呵笑了。

清田：我好像也是這樣，在職場上就算遇到很失禮的人，當下我也會不自覺呵呵陪笑，但是事後又很厭惡這樣的自己。

森田：打從心裡瞧不起對方時，確實很容易出現這種粗魯言行。

和子：話說，我有一位女性朋友，也跟我分享過一件讓人超級不爽的事。她在聯誼活動中認識了一位男性，兩個人後來發展成砲友關係。就在某天晚上，她接到對方打來的電話，電話中聽到他跟他一群「美式足球社」的朋友們，起鬨喊說「出來啊！臭婊子」、「出來跟我們來一發啊！」之類難聽的話。

清田：這真的超惡劣。用性來開玩笑，還想藉此炒熱氣氛的臭男人，真是沒救了。這種蠢行為在社會學裡被稱為「同性友愛」（homosocial），要說成是「兄弟情」或「男人間的義氣」也行。

舉個簡單的例子，就是男校同學之間為了某件蠢事而瞎起鬨，其中又以「共同貶低女性」最為典型。老實說，從國中到高中都讀男校的我，也曾經參與過這種男性之間的低級遊戲，畢竟當時我們都覺得這樣做很理所當然。而那些「淨幹一些白痴蠢事」的傢伙，在那個環境中也會被我們當成是有趣的人，而想拚命模仿他。

森田：我認識清田，是在他準備要升大學的那一年。當時確實有強烈感受到，清田就像他口中所說的，是個「有趣的傢伙」。

清田：我一直到大學都還是那個蠢樣子，所以也曾經對當時的女友，做過很過分的事。

和子：你幹了什麼蠢事？

清田：事情發生在我們去湖邊旅行時。當時包括我和我女友，一行人男男女女總共八位。大家都划著小船在遊湖，但只有我跟女友是搭腳踩的天鵝船，所以當有其他小船靠近時，我就踩著船不斷靠近對方，並且把對方的船撞得嘎吱嘎吱的猛晃。

和子：還真是清純的青春畫面。

清田：但是當時，我心想還可以再做一些什麼有趣的事，於是就在別人的小船靠近我們時，我當著他們的面在天鵝船裡站起身就尿了起來。

和子：這到底哪裡有趣？

清田：我真的是幼稚又低級，現在想起來還是覺得超丟臉。雖然當時的男生們看見都哈哈大笑，但在我身旁的女友整個傻眼，而且那泡尿就一直留在天鵝船的船底。

森田：光用想的，都覺得她臉色不會好看到哪去。

清田：至於當初為什麼會有這樣的舉動？我後來回想，當時的心情應該是想讓在場的男生們看到，我是個「就算女朋友在我旁邊、在天鵝船上，我都敢放肆尿尿」的人。

森田：換句話說，跟當時女朋友的感受比起來，你更重視現場男生們對你的評價吧！不過在你做出這種行為之前，你心裡面應該覺得：「我女朋友會因為我『一時興起的魯莽』而原諒我吧？」

清田：她有段時間完全不跟我說話。不過想也知道，我這麼做一定會受到懲罰。

和子：在充滿所謂男子氣概的雄性世界中，能跟女友正常相處及交往的男性是不是都會被當成無趣的男人？所以你才拚命想做點有趣的事，怕自己不被兄弟們認同？

清田：完全就是這種感覺。像這樣的事情，在男性之中從小到大都一直存在著，例如上班族沒辦法說「我老婆跟小孩在家裡等我，所以喝完就要先回去了」，只能用誇張的方式說「我老婆是這個（比出鬼的姿勢），所以得先走」，才能在男性同儕中得到認同。我舉這個例子是不是太像昭和時代的復古場景了。

森田：是還好，至少在我任職的公司中，像這樣的男生還滿常見的。畢竟在男性的世界裡，這樣的同儕壓力就像空氣一般無所不在。

05 可以邋遢，但露老二就不可原諒

森田：雖然清田因為想在同儕面前展現男子氣概，而不小心惹怒女友。但是當對方因為疏忽而做出未經思考的行為時，到底該不該被原諒呢？

漁夫的女兒也遭遇到類似的煩惱。她前陣子才剛結婚，但是她發現有時老公因為太晚回家，竟然沒換睡衣就直接穿著內衣褲倒頭大睡。而且因為她老公穿著貼身的內褲，有時老二還會從內褲邊露出來，這讓她覺得很不舒服。但是她心想「這就只是個毫無防備的放鬆狀態而已，應該是要被允許的」，所以她也無法向老公反應。

清田：對漁夫的女兒來說，她在意的是老二不應該從內褲露出來，但是對她老公來說，這可能不是什麼應該要在意的事。

和子：這大概是因為漁夫女兒她老公平常生活習慣還不錯，所以對於只是「露出老二」這件事，想想就算了。但如果對方平常就是個邋遢鬼，那露出老二這件事情就完全不可原諒，一定要強烈指正。所以對於這種毫無防備的放鬆狀態，應該要反應到什麼程度，也要看對方平常的表現。

清田：如果長得像演員堺雅人，那露鳥是可以被允許的嗎？

和子：長得像堺雅人應該會被讚嘆吧！

清田：那演員長谷川博己呢？

和子：長谷川博己？這也很棒啊！不過重點不是這個，總而言之，只要平常表現得體，只因為一時放鬆而稍微邋遢，大家也會用「他今天大概真的累了」的理由而原諒他。

清田：剛剛都在討論男性的露鳥行為，但如果是女性豪爽的隨意「露出」，情況又是怎麼樣？

森田：男性的不拘小節跟女性的不拘小節，標準應該不一樣？

06 這個社會對男人很寬容，對女人卻嚴苛

和子：提到男性的邋遢或不拘小節，我常聽到有人說：「我的男友越來越像我老爸，真是有夠讓人反胃！」

森田：那是指體味、體型或穿著風格等，都慢慢呈現「大叔化」的緣故吧！

和子：這麼一說就讓我回想起來，只要我老爸走進我房裡，一瞬間會傳來一種老人的體臭味。如果這件事發生在情侶關係上，那一定很痛苦，光是用想像的就覺得，好吧，我真的無法……。

清田：我們好像沒有辦法輕鬆的置身事外，畢竟我跟森田都已經步入四字頭了。

和子：我們剛剛都在談論男生，但好像還沒有從男生角度，來看女生的「不拘小節」？像我以前如果素顏出門跟男友見面，就會被他唸：「妳在我的面前也太邋遢了吧？」

清田&森田：欸欸欸？

清田：這是什麼奇怪的偏見，我完全無法理解。女友有時會想上妝、有時想素顏，這跟邋不邋遢有什麼關係？

和子：不是有一些男生會討厭女生沒有當個現任女友的自覺嗎？

清田：社會上好像也有「已經捨棄女性職責」，這種讓人絕望的刻板印象。所以這樣看起來，跟男人相比，女生在不拘小節的狀況下，所要承受的社會壓力更大，我們對於女性還真是嚴苛啊！就算是放屁，大家對於女生做出這種行為的容忍度，也相對低很多。

森田：不論是對於社交禮數或穿著外貌，男女之間的不拘小節，在社會接受度上確實非常不平等。

07 公開討論老婆的鼻毛

森田：雖然我剛剛說了一堆漂亮話，但其實我也對老婆做過很嚴苛的要求。就像我接下來要說的這個案例，關於「老婆的鼻毛」。

和子：鼻毛！這麼大喇喇的在公開場合討論老婆的鼻毛沒關係嗎？你老婆會不會生氣？

森田：當然我有事先取得她的同意，所以我想應該是沒關係。回到正題，因為我老婆的鼻子角度比較高，所以很容易就能看到鼻孔。

清田：我要先補充說明一下，森田的老婆可是一位大美女喔！每次看到她，都覺得她很像日本女子偶像團體「欅坂46」中的平手友梨奈。

森田：我也覺得她是個美女沒錯。但是因為她的鼻孔比一般人還要稍大一點，所以鼻孔裡的鼻毛就很容易被人注意，這對她來說不太有利。

和子：鼻孔還有分「有利」或「不利」的喔？

森田：我是這樣覺得啦，只要她稍不注意，就很容易被人看到她的鼻毛，這算是天生的劣勢。畢竟有些人會很在意這件事，甚至會因此對她有偏見。

清田：難道你是鼻毛糾察隊嗎？

森田：也不是啦，我個人是還好，但是想說，如果被公司同事看見的話，對她的形象來說也不太好。

和子：「是為了妳好」的這種說法，讓我嗅到一點情緒勒索的味道。

清田：有喔，有情緒勒索的味道。這是鼻毛勒索。

森田：被你們這麼一說，好像真的有點不太好，我得好好留意自己的言行才是。不過，身為鼻毛糾察隊的我，每天都認真的檢查，還讓老婆一起使用我的鼻毛剪刀。但某天在兩個人一起搭電車時，我還是看到老婆的鼻毛露了出來。

和子：巡邏中的糾察隊，監視得很緊湊呢。

森田：在發現老婆的鼻毛之後，我實在是非常在意，就提醒她說「稍微露出來囉」，沒想到她竟然回答我「那你就把它拔掉啊」。

清田：沒錯，誰在意誰拔。

森田：於是後來，我們走到剪票口附近的隱密處。

清田：別人還以為你們要接吻咧。

森田：我靠近她的臉頰，然後一手幫她遮住鼻子，接著另一手用手指伸進鼻孔裡，咻的一下幫她拔掉了。

和子：真是了不起。

森田：過了幾天之後我問她說：「上次在電車中發現鼻毛露出來的事情，是妳沒有注意到嗎？」結果她回答說：「不是我沒注意，而是森田你太過神經質了吧？」

清田：果然，你的在意標準也太高了吧？這麼嚴格檢查老婆的鼻毛有無外露，就跟我們剛剛說，社會上對於男女之間的不拘小節，完全是雙重標準！

森田：好像是這樣……不過後來又發生過幾次類似的事情，我的標準也漸漸降低了，畢竟這不是什麼大不了的事。

和子：所以你們後來再也沒有因為鼻毛而產生摩擦？

清田：這樣看起來，好像是個有點溫馨的故事。

和子：對啊，你們兩個好像是在互相梳理毛髮的動物，真可愛。而且在這個故事裡，其實只有森田單方面在注意老婆的鼻毛是否外露，對於森田老婆來說，她其實沒有因此感到困擾。

清田：或許身邊有個鼻毛糾察隊，對她來說在某種程度上也很讓人安心吧。

森田：可能是喔！最近就算我提醒她鼻毛又外露了，她只會表現出「這是森田的失職」的表情，並怪我沒有幫她處理。總之，我老婆的鼻毛也在我的管轄範圍內。

清田：好像在說：「你不好好檢查的話，我會很困擾。」

森田：沒錯，就是這樣。因為有人能幫忙留意，所以自己就更放鬆了。

和子：怎麼從疑似情緒勒索事件變成溫馨的放閃故事。

08 只許男人露鳥，不許女人暴露

清田：不管是有沒有化妝或是鼻毛有沒有露出來，社會上對於不拘小節或不修邊幅的女性，總是給予比較嚴苛的評價。就像剛剛提到的漁夫的女兒，她就算對於老公睡覺時露出老二覺得不舒服，也只能用「這也沒辦法，就算了吧」的態度容忍對方。今天如果男女之間的角色互換，又會有什麼樣的差異？

和子：你是說不是男人露鳥，而是女人露出下體嗎？

森田：蛤？這我完全無法想像耶。難道我也是那種「只許男人露鳥，不許女性暴露」的人嗎？難道這就是社會上對於「男女暴露容許程度」的不平等待遇嗎？

清田：就像是日本男生有時候為了活動搞笑的效果，會故意做出露鳥的行為，但幾乎沒有看過女生這樣做。

森田：在那種展現愚蠢男子氣概的聚會中，露鳥表演是日本非常經典的萬年綜藝哏。這邊就邀請曾經擔任過露鳥主角的清田來分享一下，關於把自己的老二展現在大家面前，你對這件事情的看法是？

露鳥主角清田：好的！對於就讀男校的我來說，這種「能在大家面前，毫不猶豫掏出老二」的行為，是非常令人欽佩的。就像日本搞笑藝人松本人志在「Amazon Prime Video」平臺上所製作的節目《Documental》一樣，節目中一流的搞笑男藝人常常會為了節目效果而露鳥。這麼說起來，這領域彷彿是陽剛味十足的臭男人世界！

和子：如果換成是女生來表演下體露出的話，相信在座的大家應該都笑不出來吧？我就有個女生朋友，曾經在聚會時因為喝醉而脫光衣服，以裸女的姿態登場。

森田：那現場的其他男生有脫光衣服嗎？

和子：全都脫光了。但是跟那些裸體的男性比起來，她一脫光衣服後，旁人都紛紛投以議論的目光，就連那種很愛瞎起鬨的臭男生也因此安靜下來。

森田：果然女性的裸體，不論在哪裡都會引起騷動！

清田：就連多看兩眼，也會被追究動機不純正吧？

和子：難道不能單純當成在欣賞一件裝置藝術？

清田：剛剛提到的搞笑節目《Documental》，有一集就出現過類似的場景，當時日本搞笑女星吉田有里，在節目中神色自若的露奶，讓現場陷入一片驚慌失措的狀態。可見得在社會觀感上，跟「男人露出老二」相比，大家對於「女人露奶」的議論程度反而更高，所以也需要更大的決心與勇氣才能辦到。

和子：不過感覺上，男生會做出露鳥表演的行為，好像多半都是因為屈服同儕壓力，不得不才勉強做的。

森田：清田你覺得呢？你以前在大家面前表演露鳥時，只是單純因為受到同儕壓力嗎？你自己也有愛玩的成分吧？你不是到現在，都還會在你老婆面前光溜溜的瞎胡鬧、或是放屁逗她等。也是因為你覺得好玩，才會故意這樣做吧！

清田：好像是耶！因為這些舉動，會讓我有種奇妙的解放感，也會讓心情變好。所以我一輩子都想在家裡當遛鳥俠。

和子：清田發表了「要當一輩子遛鳥俠」的宣言。

森田：這對清田來說，應該是最輕鬆自在的狀態吧！

清田：不論是一個不小心或是毫無防備，這些形容詞其實都有疏於注意的意思。當兩個人在交往的一開始，為了贏得對方的好感，多半都會小心翼翼的想要創造出好形象；但隨著交往越久，漸漸就會疏於注意的放鬆下來，展現出自己真實的一面與真正的價值觀。這時候，對方對於這個「卸下偽裝的自己」是否會感到反感，就是交往過程中一個非常關鍵的階段。

假如我老婆無法接受我在家裡會光溜溜的亂放屁，那我們應該就很難繼續相處下去。也就是說，如果我們跟對方在無意間顯露出來的真實價值觀，有很大落差，將會影響彼此究竟能不能繼續好好相處或共同生活。

森田：那和子有什麼不為人知的一面嗎？

和子：我其實是個很感性的人。

清田：原來如此，難怪之前妳說妳寂寞時，會在交友軟體上對別人瘋狂按讚，這表現出來的就是感性的一面，妳確實多愁善感。

和子：有時會被你們看到我多愁善感、情感氾濫的一面。但是在戀愛中，這是我一點都不想被對方發現的特質。不過話說回來，如果哪天我能找到一個，可以讓我盡情展現出豐沛情感的對象，這樣好像也很不錯，只不過目前還沒有半點跡象就是了。

森田：以後一定會遇到的！

和子：這好像是一首流行歌的歌名吧？有種被隨便安慰的敷衍感。

09 激情時刻，彼此最無防備

森田：我們竟然還沒有聊到毫無防備的性愛等相關話題。

清田：仔細想想「性愛」或許是最極致的鬆懈狀態，畢竟那時彼此都裸著身體，坦誠相對。

森田：對啊！仔細一想，單單裸露身體就已經是一件不得了的大事了。

和子：更何況要兩個成年人一起裸著身體面對彼此，這更是不簡單。

清田：不過照我個人的經驗看來，在對方面前光著身體的緊張感，會隨著兩個人的第一次性愛後而改變。會發現這件事，就是在我跟某一任女友第一次上床……。

和子：第一次在對方面前寬衣解帶，真的會讓人超級緊張。

清田：沒錯，我前女友剛開始也是這樣，她非常嬌羞的脫下衣服，直到我們做愛完小睡片刻後，她慢慢起身下床，就這麼全裸著走到冰箱拿果汁來喝。這種反差讓我大為震驚，明明前一刻還害羞到不行，現在卻……不過這種「都已經發生過關係了，被看到裸體也沒差」的想法，應該也是相當普遍的。

和子：畢竟都被看光光了，之後好像就不會那麼緊張。但我還是屬於那種會馬上穿起T恤跟內褲的人。

清田：當我從後面看到她裸著身體走向冰箱時，心裡還想著「她的屁股真是可愛」。畢竟在做愛時，根本無法好好的欣賞對方的身體。

森田：也是，一方面兩個人在激情時，正全心享受親密接觸的感官愉悅，另一方面，恩愛時通常都會選在燈光昏暗的地方。

10 陰道排氣跟鬆懈沒有關係

和子：忽然想到，男人的老二平常大多處在鬆懈垂軟的樣子沒錯吧？

清田＆森田：應該是吧……。

森田：如果跟勃起狀態相比，妳要說它鬆懈、毫無防備是也沒錯，但我從來沒有用這個角度來看待這件事。

清田：在準備要做愛的時候，女生所看到的男性生殖器，應該都是處在緊繃的備戰狀態中。但跟男人漫長的一輩子相比，有九八％以上的時間，男人的老二都呈現出晃來晃去的鬆懈狀態是沒錯。

和子：就像是英文字母中的小寫P那樣嗎？

清田：基本型態是小寫P沒錯，但受到刺激時會變成大寫P。

和子：做愛完又立刻縮小變成小寫P。用這種方式形容，有種突然變可愛的感覺。

森田：那女性生殖器，也有類似的緊繃或鬆懈狀態嗎？

清田：是說「陰道排氣」嗎？

和子：陰道排氣跟鬆懈才沒有關係，也跟做愛無關，日常生活中就會發生了。例如我在做瑜伽時，大概每一分鐘會排一次氣，雖然陰道排氣不像放屁，不會有臭味，但還是會發出噗噗的排氣聲，所以我只好用假咳嗽來掩飾一下。

清田：我常聽到有人說，在做愛時，女伴的下體會發出像是放屁的噗噗聲，這會讓場面變得有點害羞尷尬，但沒想到在平常時，陰道就會自然排氣。

和子：陰道排氣才不只發生在做愛時，它比較像是因為身體構造所導致的物理現象。我從很久之前就對這個現象感到苦惱，因為我的體型比較大隻，陰道的長度可能也會跟著等比例放大，發生陰道排氣的機率也比較高。所以每當發生這種狀況時，都會讓我不由得陷入否定自己的沮喪之中。

森田：聽完和子的說明以後，我們才知道，原來陰道排氣不是因為身體放鬆所造成的。但應該還是有很多男性，會誤以為陰道排氣跟放屁一樣，都是一時鬆懈、沒有忍住所導致。

清田：就像我們都誤會那個「噗噗噗」的聲音，是因為女生沒有夾緊，忍不住放鬆才……。

和子：跟著我說一次：「陰道排氣跟鬆懈才沒有關係。」那是因為不可抗拒的身體反應所造成！請以此為標題。

清田 & 森田：陰道排氣跟鬆懈才沒有關係。

和子：請各位男性務必切記！

11「舔妳入睡」事件

森田：但是仔細想想，男性的生殖器處於緊繃狀態時，就是當雄性動物在預備生殖活動時。從生物性的角度來看，反而是雄性個體警戒最鬆懈的時候。

清田：而且在那個時候所呈現出來的姿勢都很奇怪。

森田：沒錯，就算是現在的我在做愛時，偶爾也會忽然分神的想說：「用這麼奇怪的姿勢、不停的扭動腰部，動物的生理需求真的是很詭異。」

和子：我偶爾也會這樣亂想，上天到底是怎麼創造出「人類的繁殖機制」呢？會不會是上天覺得「一邊有洞、一邊有棒子，就讓它們湊在一起好了」，想想就覺得很好笑。

清田：棒子跟洞湊在一起之後，還要讓雙方流出一些奇怪的液體加以融合。

森田：話說，在陸地上的生物，好像大多都是走洞與棒子的組合；但是在水裡的魚類，則大多是雌性排出卵子，雄性在卵上面射精的體外授精方式。

清田：瞬間變成自然生物課了。但無論如何，我們還是尊重一切性愛的形式啦！

和子：在性愛中的煩惱其實還有很多。

清田：例如在做愛時，如果想像著自己用第三人稱的視角從上往下俯視，我一定沒有勇氣直視那個畫面。因為只要一想到自己的姿勢有多醜、多奇怪，我就超想死。

森田：其實在做愛時，由於兩個人都處於激情的亢奮狀態，應該不會發生什麼太奇怪的事情吧！不過，這其實也很難說，我們這位清田先生，就曾經在幫女伴口交時，不自覺的睡著了。

和子：咦？在口交時睡著，這是怎麼一回事？

清田：記得這是好久以前的事情了。某次聚餐時，我跟某位女性產生了曖昧的氣氛，加上兩個人都喝了不少酒，女方的動作也變得很積極。我當然不想錯過眼前這個好機會，就直接往下一階段邁進。到現在，我都還記得當時我有多賣力。

和子：聽起來，最後好像是發生了連清田也料想不到的狀況。

清田：因為當時我們都已經喝茫了，雖然很賣力，但是隨著睡意越來越濃，最後就在我幫她口交時，我竟然昏睡了過去。

和子：所以這叫做「舔妳入睡」？

森田：這名字取得不錯喔！

和子：那當時女生的反應是？

清田：超不爽啊！一副「你搞什麼鬼啊」的反應……但是這也不能怪她啦，畢竟那個原本正在興奮舔著她私處的男人，竟然就這麼動也不動的在她胯下昏睡過去。

和子：這到底是不小心？還是酒精造成的？

清田：應該算是我的疏忽吧……雖然當時我努力的想集中精神，也拚命告訴自己絕對不能睡著。

森田：那種情況下還能睡著，太誇張了。真不知道是太亢奮，還是太放鬆？

和子：真不愧是享受愉快性愛的實踐者，你也太 Relax 過頭了吧。

清田：我絕對不是因為想要搞笑，才做出舔妳入睡的這種事。因為我始終覺得，在性愛中要完全放鬆、要平常心，才能表現得比較好。

就像某些男性，如果在做愛時有勃起困難，又一直擔心「不舉怎麼辦」、「如果表現得不好會很丟臉」，那精神反而會更加緊張，表現也會大打折扣。但誰知道，就因為想要放鬆，反而因此昏睡過去。

森田：會因為緊張而表現不好的是其他人啊！清田應該沒有這種困擾吧？你可是號稱在哪都能勃起的「鋼鐵人」呢。

和子：鋼鐵人清田！聽起來就超級硬梆梆的。

鋼鐵人清田：雖然被叫做鋼鐵人，別人可能會誤以為我很雄壯威武。但我充其量就只能維持勃起狀態罷了，跟硬挺程度沒什麼關係。而且我也認為，只要能放輕鬆，就不會阻礙勃起狀態。

森田：「只是維持勃起狀態……」這種說法，還真有「本體論」（Ontology，探討實體之最高性質的學說或科學，又稱為存有的科學，主要在探討存有和存在的問題）的哲學意味。

和子：超酷的！

清田：像我這種標榜要「享受歡樂性愛」的人，如果遇到一個討厭閒聊、或在性愛中很嚴肅拘謹的女性，我可能也會緊張到無法勃起。甚至萬一被對方質問說：「你怎麼連在做愛時都這麼聒噪？」我可能也會當場傻住，手足無措。

森田：沒錯，因為以一般的觀點來說，性愛是情慾與情緒的醞釀。也就是說，你們在醞釀氣氛時，如果不小心誤判情勢，一切的發展就會朝你無法想像的方向前進。

和子：正確的行為要在正確的氣氛下，才能獲得正確的效果。要能找到那個點燃情慾的時機點，其實也相當不簡單。

森田：本來就不能隨便撲倒人家！因為性愛不只是肉體，跟情感與心靈也有很深的連結，所以出發點一定要很認真。不過在做愛時營造出歡樂的氣氛，並不代表不認真。

和子：每個人對性愛的反應都不一樣。就像我之前說過的，我在做愛時其實不太能分神，所以也沒有什麼多餘的心力可以嬉鬧，換句話說，我在性愛中完全不能有半點鬆懈。如果對方在這個時候忽然笑了出來，我一定會超級焦慮的思考「我有做錯了什麼嗎」？

12 性愛就是要緊繃，千萬不能鬆

森田：剛剛雖然討論到勃起或勃起困難的話題，但實際上真正要談的是「兩個人從戀愛初期的謹慎中鬆懈下來之後，對性愛會有什麼影響」，而這個問題也跟夫妻或情侶相處久了之後，會出現的「無性生活」有關。

也就是說，當兩個人對彼此都熟悉到可以毫無防備的自然狀態，兩個人的性愛關係，也會因為鬆懈而變得可有可無。

清田：畢竟人在毫無防備的狀態下，比較容易展現出真實的自己，精神狀態也會比較輕鬆。但是反過來說，當你越坦率、越輕鬆的展現出真實的自己，在失去神祕感與新鮮感的情況下，就越難引起對方的情慾。這種狀況，就是造成許多夫妻與情侶之間無性生活的主要原因之一。

森田：久而久之，彼此都忘了對方是異性。

和子：「神祕感」確實是能引發情慾的重要元素之一，所以常聽到有人說「我們變得像家人一樣」，其實就是已經沒有神祕感了。

清田：這麼說，當兩個人的生活相處都放鬆到極點，想要在短時間內營造出神祕感，或想要激發出火熱的慾望，就幾乎變得不可能。

森田：既然都走到自然而然、毫無防備的放鬆境界了，為什麼我們不試著找出，在這種情況下依然能萌生性愛激情的方法呢？也就是說我們不要想改變現狀，而應該要以現狀為出發點來做發想。

清田：具體的辦法會是什麼呢？

森田：要先顛覆自己的既有想法啊！一般社會無法接受跟家人或朋友上床，所以你跟像是家人的另一半，或像是朋友的另一半發生關係，這種行為是不是充滿了悖德的變態感？只要這麼一想，不就能誘發情慾了？

清田：森田的變態理論出現了。

和子：所以森田才會常說：「對家人有遐想是最情色的。」

森田：就是這樣啊，用家人來對比性愛對象；用讓人放鬆的日常生活，來襯托出「祭典」的特殊性與熱鬧感，這就是日常與非日常的對比關係。

在我們家，我跟我老婆每個月的恩愛頻率大概是三到四次，但是對我們來說「恩愛日等於祭典日」，所以我們會兩個人充滿期待的一起決定好日期。

和子：在祭典日以外的時間，你們都不會發生關係？

森田：基本上是不會啦。一般來說祭典也都不會改期不是嗎？

和子：但是這種方法，應該也會讓有些人覺得「反正都是事先決定好的，就算當天情緒沒有到位，只要先敷衍完事就好了」。

森田：這是搞錯因果關係的想法吧！我們會採行這樣的方法，是為了讓彼此都能在祭典當天為了氣氛而嗨起來，並不是因為嗨起來才舉辦祭典。如果一切都要等到氣氛對了才要開始，會錯過很多相處的好機會。

清田：許多夫妻都是因為錯過相處的好機會，才漸漸邁向無性生活。

森田：我們結婚至今已經有五年了，現在還是延續著祭典日的相處模式。

清田：其實我從小就不太喜歡祭典。雖然我是在商店街裡長大的小孩，對祭典一點都不陌生，但我實在無法樂在其中。因為商店街裡的店家，例如糖果店或藥局，就只有在祭典當天，才會特別展現出充滿活力的樣子，喊著「SE～YA！SE～YA！」的祭典口號，這不是太刻意了嗎？

森田：因為清田是想要輕鬆享受歡樂性愛的人，如果還要刻意營造出來，就有違清田的本性了。

和子：對啊，刻意營造的就不是放鬆的日常生活，清田應該會很難勃起吧？

清田：原來我是個非常不擅長處理非日常事務的人啊！如果性愛不是在日常輕鬆的狀態下發生，或是要特別為了祭典日嗨起來，都會讓我無法適應。這跟本性息息相關。

森田：我記得清田也不喜歡節慶或紀念日之類的特別日子。看來逃避所有非日常的事物，是清田的生活方式，這大概很難改變了。

清田：或許我內心希望人生都是理所當然的日常狀態。

森田：所以延長日常狀態＝保持鬆懈、毫無防備，會特別讓清田感到興奮，這好像跟一般人的習慣不太一樣。但是這應該能讓一些「把性愛當成例行公事」的人，從中得到一些不一樣的啟發。

和子：結果我們又離題到哪去了。

第八章

爭執的導火線，都是瑣事

一直聊你們小圈圈才知道的事……

本篇要討論的話題並不是吵架本身，而是要聚焦在吵架背後那些「引爆爭吵的導火線」。

現實生活中會引發爭吵的導火線，大多都是一些雞毛蒜皮的小事。但只要深入思考「為什麼這些細碎的瑣事會引發爭執」，就能發現在這些爭吵背後，其實隱含了非常大的問題。

森田：前幾天，我跟一位交情不錯的公司前輩一起去吃午餐，他神情略帶疲憊的說：「我跟我老婆因為吵架，已經三天沒說話了。」

和子：森田連在公司裡，也一直在蒐集戀愛話題啊？

森田：呵呵沒錯，我很用心吧！然後我就問了前輩，他們夫妻是為了什麼事情引發爭吵，結果他回答說是因為使用奶油的方式不一樣。

清田：使用奶油？是什麼意思？

森田：就是他們在吃早餐時，前輩在麵包上剛塗好奶油，他老婆忽然說：「我已經忍你很久了，你塗奶油的時候，可以不要老是從奶油的表面橫刮起來塗嗎？應該要從側面縱切一小塊起來塗才對吧！」然後兩個人就你一言我一語的吵了起來，一個說：「正常不是都從上面橫刮一小塊嗎？」另一個則反駁：「才不是呢！我家從以前到現在，都是從側面縱切一小塊。」最後演變成誰都不肯開口說話的冷戰狀態。

清田：這是《煙火，要從下面看？還是側面看？》（按：日本導演岩井俊二早期所拍攝的電影。劇情是一群小學生們，對於「煙火應該要從側面看、還是正下方看，會比較漂亮？」而展開爭論）的那種問題吧！雙方因為一些雞毛蒜皮的小事而大吵了起來，並從中發現彼此觀念的差異。

不過這一類的事情其實相當常見，我有一個女生朋友也是為了洗碗的海綿，應該要「豎著立起來」還是「橫的平放」，而跟老公吵了起來。話說怎麼都是這些橫向或縱向的問題啊？

和子：也有可能是因為看到不同的處理方式，才意識到自己原來對於這件事很在意。就像那位奶油事件的女主角，在此之前，恐怕從來都沒有意識到自己塗抹奶油的方式有一定的規律，直到看見老公塗奶油的方式，才瞬間察覺「竟然還有別的塗法，但是這種塗法我超討厭」。

森田：確實很有可能是這樣，畢竟兩個人同住之後，生活中各種大大小小的東西都要一起共用，那時才會發現一些因為「使用習慣不同」而感到在意的小事。而且一旦發現到這些差異，就會越看越不順眼。

01 要省電還是要方便？印表機也能引發戰爭

清田：我也來說一個類似的案例。因為我家不久之前剛買了印表機⋯⋯。

和子：感覺又是雞毛蒜皮的小事。

清田：畢竟我是自由工作者，大部分的時間都在家裡工作。以前每次要列印文件進行校對工作時，都得跑去便利商店。但是自從買了印表機之後，如果有列印需求，只要在電腦上按列印鍵就ＯＫ了，真是個超級方便的好工具。

森田：但是也有很多在家工作的自由工作者，家裡沒有印表機，也這樣工作了很多年。

清田：是沒錯啦，但是能買一臺放家裡，還是比較方便，而且我老婆也很常用。不過問題就出在她每次列印完後，都會隨手關閉印表機的電源。避免機器在待機時，會持續浪費電力。

和子：這樣做很環保節能啊！

清田：但是因為她這個習慣，讓我老是在列印時，呆呆的按著列印鍵，然後盯著機器老半天都毫無反應，才意識到印表機的電源又被我老婆關掉了，只好再起身走到印表機旁打開電源。這種狀況，會讓我這種主張不關機的人，感到煩躁。

森田：一邊是重視「One Touch 便利性」的清田，另一邊是重視「待機時，節能環保」的清田老婆，兩個人在這件事情上都各有主張。

清田：我也知道她的做法比較正確。但老實說，我心裡也會很不爽的想：「方便比較重要，這樣做到底是能省多少電費啦！」

和子：這件小事，果然有成為吵架導火線的潛力。畢竟你老婆對你應該也頗有微詞，想說：「這傢伙老是不用印表機也不關電源，真是讓人火大。」

森田：我也聽過一位女生朋友，抱怨過類似的事情。她說她無法理解，每次老公在洗碗時，總是一直開著水龍頭，讓水嘩啦啦的流個不停。

因為她從小在家裡，就被媽媽嚴格要求「不用水的時候，就要馬上關掉水龍頭，不可以放著讓它一直流」，所以她對於這種不關水的用水習慣，非常看不順眼。

清田：雖然我沒有隨手關掉印表機的習慣，對我來說可能沒什麼說服力，但是我對於用水卻不關水，其實也不太能接受。

森田：所以某一天，她終於忍不住對她老公說：「可以不要這樣一直開著水龍頭，讓水嘩啦啦的浪費掉嗎？」結果她老公也抗議說：「就還在用啊！這樣把水龍頭開開關關的，是能省多少水費？有需要這樣嗎？」事後她才知道，原來她老公全家都是「嘩啦啦的不關水派」。

清田：不關水派，怎麼聽起來像是宗教信仰不同的感覺。這就好像要考慮經濟面或是便利性、甚至是落實環保等，討論起來完全是沒有交集的平行時空。

和子：就像是自己覺得好或不好，都比較偏向主觀的個人感受。

清田：有個表演團體叫「City Boys」，他們在脫口秀中就用過類似的情節。內容是某個角色放話說：「就這樣一直開著水龍頭，讓水嘩啦啦的流，流多久我就離家出走多久，」然後轉身離開家門，一邊說：「就像嘩啦啦的水龍頭，我永遠不會再回來了……。」但是沒多久之後，就看見同一個角色慌亂的跑回家門，一邊嚷嚷著「不行啊……不行啊……」、「這樣放著讓水一直流，我會一直記掛著這件事」，然後結束離家出走的事件。

森田：不論是清田「關不關的印表機」或是「嘩啦啦的水龍頭」，在旁人看起來，確實像是有趣的搞笑短劇。但是對當事人來說，其實是需要好好溝通的問題。

02 一塊豆腐，反映不同價值觀

和子：聽完剛剛這些案例之後，我也想到了一個為了豆腐吵架的事件，這發生在我朋友跟她老公外出購物時……。

清田：為了豆腐吵架？

和子：我朋友有一種在購物時，會盡可能挑選即期品的習慣。所以某天他們一起出門購物時，她就挑了一塊保存期限只剩下兩天的豆腐。沒想到她老公為了這件事發脾氣，碎唸：「為什麼要買這種快到期的東西？既然價錢都一樣，當然要挑新鮮的啊！何況是自己要吃的食材，當然是越新鮮越好不是嗎？」

森田：大部分的人，想法應該都跟她老公一樣。

和子：但我朋友也不甘示弱的回嗆她老公說：「這一盒豆腐只是接近效期又不是真的過期，如果我們不買它的話，過兩天被拿去銷毀不是很浪費嗎？況且我們今天就會吃掉了，什麼時候製造的有差嗎？」接著她老公也不退讓，繼續回嘴說：「難道我想吃新鮮一點的食材有錯嗎？」

森田：跟女方經過深思熟慮的論點相較起來，她老公在這件事情上好像只是在任

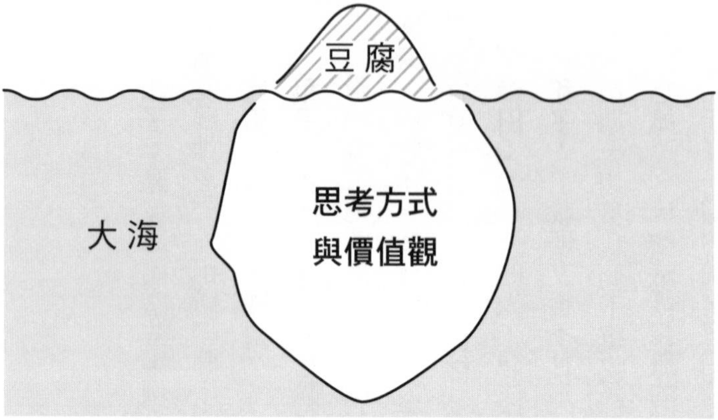

豆腐所呈現出來的問題，只不過是冰山一角罷了，隱藏在水面下的，是彼此之間南轅北轍的思考方式與價值觀。

性耍賴。但他們兩個人從最原始的出發點開始，就已經有很大差異了。

清田：這個女生是從地球永續的角度，來調整自己的消費行為；但是她老公只單純站在自己的角度來看購物這件事。女生的想法固然沒有錯，但是她老公的想法也是人之常情，所以這真是兩難啊！

和子：沒錯，就算是情侶或夫妻，也未必能有相同的想法或價值觀。

森田：所有引發爭吵的導火線，看起來都只是冰山一角，實際上探究爭吵的原因，是藏在水面下深不見底的觀念差異。就像是豆腐這麼廉價的食材，都能引發兩個人之間價值觀的衝突，倒也滿有意思的。但如果有其中一方可以先讓步，或能想出一個折衷方案，那就更好了。

03 死不認錯還歪理一堆！

清田：每個人的想法、感受、信仰與價值觀等，都不盡相同。要磨合到能維持相近的頻率，實在很難。但是以我的印表機事件來說，就算我跟我老婆之間的習慣不一樣，不論被老婆唸什麼，我也絕對不會回嘴。

因為電費是兩個人的事，而且從地球環保的角度來看，養成節能習慣也是正確的，所以我老婆隨手關掉印表機的電源，絕對沒錯。加上我平常還是個會發表反核言論的人，如果私底下老是開著印表機的電源，用不到也放著不管，就太表裡不一了。

和子：至少清田是個知道自己有錯，雖然總是理由一堆，但還願意承認錯誤的人；而不是那種明明犯了錯，卻要對方裝作沒看見的傢伙。有沒有承認錯誤的自覺，情況就會差很多。

清田：會嗎？

和子：當然啊！有些人明明就做錯，卻會老是硬凹說：「這哪有什麼問題？」例如我的某個女性朋友就跟我分享過一件事：她說每次當她進去廁所時，如果剛好遇到她老公洗完澡，她就會看到平常用來擦手、洗臉的小毛巾，整條變得濕答答。

森田：這麼詭異？

和子：我朋友也是百思不得其解，所以就默默觀察了一陣子，後來才發現，原來是她老公每次洗完澡後，不是用浴巾擦乾身體，而是拿那條小毛巾來擦。

她直接向老公反應這件事，並且希望他以後可以改用浴巾來擦身體，沒想到她老公竟然回答她說：「我是在幫妳省麻煩好嗎？用這麼小的毛巾來擦，不是比較方便換洗嗎？」

清田：這聽起來，的確很像是男人會鬼扯的歪理。

和子：而且她老公還會擺出一副「妳看！我有多麼為妳著想，竟然用這麼小的毛巾來擦身體」的樣子，還為此洋洋得意。從此之後，我朋友再也懶得跟她老公多說些什麼。

森田：就不能改用小一點的浴巾？

和子：其實是因為她老公懶得在洗澡前走到衣櫃拿浴巾，所以才會順手拿浴室的小毛巾來擦。但我朋友只要一想到被老公擦過屁股的小毛巾，自己竟然要拿來擦臉，就覺得很噁心。

清田：如果她把這想法說出來，搞不好她老公還會掰出一些「哪會噁心，我是洗完澡後才拿來擦乾身體，一點都不髒」的狗屁歪理。

和子：你怎麼知道？確實發生過這樣的情況，她老公還惱羞成怒的說：「妳現在是在嫌我髒嗎？」讓整個場面變得很緊張。

清田：真的假的！被人家指出錯誤，還強詞奪理的回嘴，這根本是在火上加油的找架吵吧？女方一定氣炸了。

和子：明明犯了錯又不老實道歉，還死鴨子嘴硬的硬凹，真的會讓人很不爽。

清田：大概是因為他純粹只是懶，並沒有什麼合理的解釋，所以才會隨口敷衍了事，用一些似是而非的歪理來應付對方。

森田：只是為了不想多走兩步從衣櫃裡拿出浴巾，結果卻增加了被對方討厭的機會，從長遠的角度來看，這真是相當不划算的行為。而且當對方的不爽持續累積，日後就算想要挽回，難度也會飆高。

清田：這種老是把「我是幫你省麻煩」掛在嘴邊的人，絕對不是會自己動手洗浴巾的人，所以這句話裡，多少也隱含了「我在幫你減少洗衣服的工作量，你應該要感謝我才對」。

和子：確實沒錯，他完全展現出自己身為一個成人，卻非常無能的一面。我朋友後來連架都懶得跟他吵了，對這個老公非常失望。

04「你從以前就……」這句最讓人不爽

森田：接下來還有一個案例，就是觀眾永遠的前輩，他曾經因為吃烤肉的習慣和女友不同，而跟女友引發了爭執，事情是這樣發生的。

前輩是個肉食主義者，當他跟女友一起到烤肉店吃烤肉時，為了能讓對方在肉片口感最棒的時候品嘗它，前輩總是從烤肉到起鍋盛盤都不假他人的一手包辦。

和子：對女生來說，能被這樣無微不至的貼心服務，應該會感到很開心吧！

森田：但是他的某一任女友，因為堅持自己習慣的步調，所以就自己動手烤起肉片來。不過看她烤肉的方式，不是烤過頭、就是沾錯醬料，弄得整個亂七八糟。前輩看不下去，決定要出手幫忙，但沒想到這個女生卻拒絕了前輩，還要他不要插手，前輩也反射性的回了一句：「不要指揮我！」

清田：怎麼看都是前輩在指揮別人的烤肉方式吧？

森田：然後兩個人就因此吵了起來，女方生氣的說：「我只是叫你不要插手管我怎麼吃，又沒有要指揮你什麼，你幹嘛這麼生氣？」然後又說：「你從以前就是這種讓人不爽的態度，每次都用上對下的方式，一副瞧不起人的樣子。」、「你的個性就

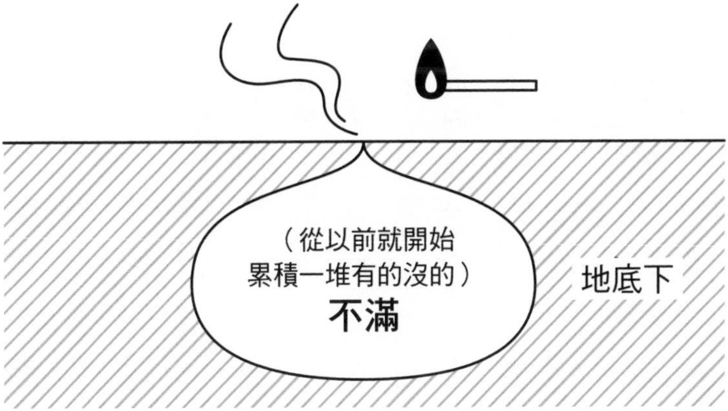

地底下累積了許多「你從以前就……」的抱怨。

是這麼糟糕！」一連串猛烈的攻擊，把前輩罵到忍不住哭了出來。

和子：竟然被罵到哭出來？好像漫畫情節喔。

清田：原本前輩應該只是想讓對方也嘗嘗看美味的烤肉，沒想到卻連番遭受到「你從以前就怎樣怎樣」的全盤否定攻擊，當然會覺得自己好心沒好報。不過老實說，在激烈爭吵的狀態下，本來就很容易出現「你從以前就……」的不理性批評。

深究其原因，多半是因為兩個人在檯面下，早已累積了各式各樣的不滿，就像灌滿危險氣體的瓦斯炸彈，只要因為某個小小的導火線，就會引發大規模的爆炸事件，這應該是非常典型的吵架方式吧！

05 「不會吵架」也是一種煩惱

和子：聽完前輩的故事之後，反而讓我有點羨慕他們。因為我是那種無法放聲痛哭、也沒辦法很激烈跟別人吵架的類型。

而一般人在吵架時，會出現的那種畫面張力或戲劇情節，在我身上完全看不到。所以能主動挑起爭端、或是被人挑釁時會立刻強烈回應的人，在我眼中都超厲害的。

森田：所以和子到目前為止，都沒有跟男朋友吵過架的經驗？

和子：自己一個人生悶氣的狀況常會發生，但如果是那種激烈爭執的吵架，這我真的完全沒有經驗，畢竟我也不知道要怎麼表現出生氣的樣子。

清田：我也是那種無法生氣的人，所以非常能理解和子的感受。大概我們兩個人的腦子裡，都沒有被安裝吵架程式吧！

和子：是這樣嗎？但是像我這種不知道怎麼吵架的人，曾經有一次主動向男友挑釁的經驗，不過因為他並沒有接受到訊號，所以也沒能演變成爭吵的畫面。

森田：妳是怎麼挑釁他的？

和子：記得某一任男友經常會在下班後約我一起共進晚餐，但有時候他還會約他公司裡的女主管夫婦來當電燈泡，所以最後就變成是四個人的晚餐聚會。

清田：突然變成有點正式的應酬場合，這應該沒辦法好好的放鬆吃飯。

和子：而且在場除了我以外，其他三個人都是平常就有工作上的往來，以至於在晚餐的用餐過程中，他們老是聊一些工作領域的事，例如「○○先生才不可能做出什麼什麼事」等業界的小八卦。

雖然他們的聊天氣氛很熱絡，但是像我這種局外人，根本無法參與他們話題，也完全聽不懂他們聊天的主題。整個晚上彷彿被當成空氣一般，被排擠在他們的小圈圈之外，在場明明就有四個人，我卻分外感到孤獨。

森田：這樣真的超尷尬，不過妳男友沒有丟一些話題給妳嗎？

和子：這就是最慘的地方，他完全沒有要轉移話題的意思。原本我想說，對方好歹是我男友的主管，我一定要更小心、得體的應對，但是當下根本就沒有讓我融入他們的機會，更不用說要做出什麼讓他們注意到我或能感到興趣的反應。

最後我完全放棄努力，直接呈現出路人的狀態，然後一邊在心裡嘀咕著：「好～無～聊～喔，什麼時候才能回家啊。」而且像這樣的飯局，我大概參加十次左右。

清田：這種應酬的場合我連參加一次都覺得痛苦，妳竟然還能參加這麼多次。

和子：我就是一直強忍著擱置情緒，直到某天再也受不了時，就在聚會結束後回家路上對我男友說：「這種應酬飯局，真的讓我超級痛苦！」

三個人熱烈的聊著小圈圈內的話題，只有和子被排除在外。

森田：憋了十幾次才說，現場的氣氛一定很僵。

和子：沒想到我男友竟然直接回答我說：「是喔，那之後像這樣的飯局就不約妳一起了，這樣總可以吧？」

清田：咦咦咦咦？

森田：就這樣？

和子：沒錯，就這樣。虧我還事先猜測他會有哪些反應，例如問我「是哪一點讓我不開心？」或是問我「為什麼不想來不早點說」等，甚至還沙盤推演了一下「如果他這樣說，我就要那樣回答」，但怎麼也沒想到，這件事就這樣被那一句話句點了。

森田：至少也應該要先道歉一聲，說個「辛苦妳了」或「難為妳了」之類的話，稍微表現出同理妳的樣子。

和子：就是說啊！我忍了又忍、忍了又忍，好不容易才下定決心，要好好向他反應一下我真實的感受，結果對方完全無法理解我的想法，當下無力感整個爆發。

清田：他也太忽視妳的情緒了。

和子：大概是因為我從來沒有明確表達過我的感受。我心裡面雖然不開心，但表面上還是不斷的陪笑臉。如果要用戲劇性的方式來表達，我應該要歇斯底里的大吼說：「我真不敢相信，你竟然做出這樣的事情！」然後對方才能接收到我的不滿。

清田：從妳男友的反應看起來，我覺得他壓根就不打算處理妳的不滿情緒，所以妳不用檢討自己的表達方式啦！但我也是那種沒辦法跟對方認真好好說清楚的人，所以常常無法讓別人感覺到我不爽的情緒，只好粉飾太平的收場，但事後又對自己懊悔不已。

和子：這點完全跟我一樣！就是當面無法表達自己的負面情緒，然後才在心裡面重複上演「當時我如果〇〇〇就好了」的小劇場。例如都參加了無趣的應酬飯局十幾次，卻怎麼也無法向對方說出真實的不爽，只能跟朋友抱怨一番。

森田：所以妳平常累積的壓力，都宣洩在朋友身上？

和子：對呀，每次心裡面有什麼委屈或不爽，我就會去找朋友訴苦抱怨，等一大串的情節都講完，那些生氣或惱怒的情緒也釋放了一大半，結果最初形成這些問題的原因，從來沒有被正面的好好解決。

清田：要像漫畫情節一樣，毫無保留的表達自己的真實情緒，恐怕不是一件簡單的事情。

森田：你也會覺得吵架很可怕嗎？

清田：會呀，哪怕心裡面累積了許多不滿跟疑惑，但只要想到我一說出口，可能會被對方舉紅牌說：「那我們分手吧！」就更害怕了。

和子：跟我一樣。我也是那種默默累積不滿的人，每當累積的不滿或壓力超過我的容忍值，就會斷然向對方提出分手，然後又不停重複這樣的過程。

06 成熟的吵架，從說出自己的不滿開始

清田：那森田你們夫妻也會吵架嗎？

森田：當然會，原本我也跟你們兩個一樣，是屬於那種會盡量避開衝突的性格，但我老婆非常討厭把該解決的問題擱置或把情緒憋著不說。所以在她的調教下，我也漸漸會把心裡的不滿表達出來。

當然，也曾經遇過兩個人在情緒上完全衝突對立的狀況，但我們兩個人都有「爭執是為了解決雙方問題」的共識，只要有這個共同的目標，溝通起來就不會太激烈導致失去理性。

和子：如果溝通跟爭執是為了要解決問題，應該就不會演變成那種「你從以前就怎樣怎樣」，這種全然否定且不理性的批評了。

清田：所以吵架也是有分好壞的，「好的吵架」是雙方為了要解決問題，以找到雙方都能接受的結果為目標，中間所產生的溝通與磨合。而「壞的吵架」則是因為累積許久的負面情緒被點燃，兩個人只好用激烈的情緒來衝突跟碰撞。前者能透過溝通與爭吵的過程，來加深對彼此的了解；而後者只能往破局的方向暴衝。

森田：不過我認為挑起戰端的一方，一開始所表現出來的態度也很重要。有一本書叫做《夫妻吵架時，為什麼男人總是沉默不語》（Tara Parker-Pope／NHK出版），裡面就提到說：「好的吵架」重點在於不要從「批評」的角度切入，要從說出自己的不滿開始。

清田：從抱怨開始，這樣真的好嗎？

森田：因為批評是屬於攻擊性的語言，但不滿只是在表達自己的情緒感受。如果一開始就表達自己的情緒感受，對方比較容易朝著如何化解的方向來前進。

和子：如果爭吵要像戲劇效果一樣，從一開始就猛烈的批評對方，這我大概做不到。但如果是努力向對方表達自己的不滿，這我倒是可以試試看。大概是我從剛剛的討論中，所學到最重要的事。

森田：其實妳剛剛所分享的晚餐應酬事件，確實也是從「參加這種飯局好痛苦」的情緒不滿來開始表達，身為主動發起溝通的一方，這樣的切入點沒什麼問題，差別只是對方沒有能力理解妳的痛苦罷了。

清田：當妳前男友發現妳對於這個聚餐提議有諸多不滿時，竟然選擇了忽略妳的感受，用輕挑的態度打發妳，這怎麼看都是一種自以為是的幼稚行為。

和子：我也好想要一個能接受我負面情緒的男友，像這樣的男人都在哪？

清田：應該到處都有吧！應該……。

和子：是這樣嗎？算了啦，反正跟你們說完之後，我就放下這段令我懊悔的往事了。有種怨念得到解脫、安心升天成佛的感覺，這也算是一種收穫啦！

森田：南無阿彌陀佛……。

第九章

男（女）友不知道的我

實在沒辦法向男友開口說啊……（笑）

本章將揭開各種男生們所不知道的女性真面目。也就是被女性刻意隱藏，從來不被男友或老公看見的某部分真實自己。而這些被刻意隱瞞起來的事物，一方面是女孩們會覺得「這種樣子才不想讓你看見」；另一方面其實也代表著在女孩們的心中，隱藏著「男生應該不會想看到我這個樣子」的焦慮。

尤其跟性慾或自慰有關的領域，更是許多女性會在男生面前刻意隱藏的事情。

和子：我有個女生朋友曾經跟我分享過，她絕對不會告訴她男友的事，就是她會在淋浴的時候順便尿尿。

森田：這好像真的很難說出口。但不管是男生或女生，應該有不少人都跟她一樣，會在淋浴的時候順便尿尿，不是嗎？

清田：淋浴的時候沒有辦法憋尿啦！我有親身實驗過，而且試了好幾次都失敗，真的會忍不住。

森田：你連這個都實驗過？

清田：到底是什麼原理我也不知道，但是我只要在淋浴的時候，想要憋尿把澡洗完，撐不了多久，就會忍不住尿出來。如果大家不相信的話，可以自己試試看。

和子：你也太有研究精神了吧！我那個女生朋友說她自己好像是巴夫洛夫（Ivan Pavlov）制約實驗中的狗，聽到鈴鐺聲就會留著口水等食物，她只要一聽到淋浴的水聲就會想要尿尿。所以當她要跟男友一起共浴時，為了不在對方面前尿出來，她會在洗澡前先去上個兩、三次廁所，以防萬一。

森田：這真是不為人知的努力過程。因為她男朋友完全不知道她在淋浴時會想尿尿，所以也完全不知道「為了不在洗澡時尿出來，她事先做了多少努力」。

和子：她還說，這個祕密她到死都不會說，打算要一路帶進棺材。

01 我會光溜溜的去陽臺收衣服

清田：我也聽一個女生朋友說過，她男朋友完全不知道，她都是一絲不掛的去收陽臺上晾乾的衣服。

和子：關於這個話題，我也有好多可以分享的。

清田：哈哈，這個女生說，她如果放假一個人在家，通常整天都會光溜溜的裸著身體。包括傍晚時，如果想把晾好的衣服收進屋裡，頂多就只是用窗簾簡單遮一下，就伸手到陽臺上收衣服。她還說，這是她男友完全不知道的一面。

和子：我自己是連窗簾都沒遮就衝出去了。有一次在洗完澡後才發現「糟糕，忘了拿內褲」，只好光著屁股走到陽臺，用非常不符合人體工學的凌波舞後仰姿勢，扯下晾在陽臺上的內褲。當時我是這麼想的：「只要把身體隱藏在陽臺的視線死角，就算是住在隔壁大樓的人也看不見我。」

清田：我也聽過有女生說她們在夏天時，會只穿著貼身衣物煮飯，那和子妳也會這樣嗎？

和子：當然啊，這樣很正常吧？

清田：貼身衣物？是指只穿著內衣、內褲嗎？

和子：我在家裡是不穿內衣的。

清田：我還以為你們所說的貼身衣物，是指內衣＋內褲。

和子：因為穿著胸罩會讓人有種不舒服的拘束感，所以我只要一回到家，就會立刻脫掉內衣，而「T恤＋內褲」也是我夏天在家裡的標準裝扮。

森田：其實每個人在自己家裡，喜歡或習慣的穿著都不一樣。有些人的原生家庭就是崇尚自然的裸體派，那之後就算離家一個人生活，他也會延續這個習慣，在新居繼續裸體。

清田：應該是這樣沒錯。但反過來說，也有一些人是離開家裡、獨自生活之後，才開始嘗試一些原本在原生家庭絕對不能做的事。

和子：像我老家以男性居多，有爸爸跟其他男性親戚，我就是搬出來之後才開始這樣穿的。

清田：在我老家雖然沒有裸體的習慣，但是每當夏天洗完澡後，我還是會很自然的呈現光溜溜的狀態。

森田：我倒是有聽人說過：「雖然自己在家是裸體派的，但是到男友家裡，卻不敢光著身體到處走來走去。」

和子：我也是那種沒辦法在對方面前裸體的人，或許每個人顧慮的狀況都不一樣，但是對我來說，我會盡可能不讓別人看見自己的裸體。因為我對自己的身體樣貌沒什麼自信，除了做愛時不得已要裸體，在其他時間，我完全不想讓別人打量自己。

尤其在日常生活中光著身體，跟做愛時的裸體完全不一樣，只要想到自己的身體被悄悄打量著，就覺得好可怕！萬一還被白目的男友評論說：「妳的乳頭竟然是深褐色的。」一想到就覺得超痛苦。

清田：是沒錯，畢竟在平常的狀態下，被其他人猛盯著自己的裸體看，本來就很可怕了，我都可以想像到在對方的眼神裡，會看到自己有多不安與自卑。

和子：就是說啊。如果對方能用欣賞的態度來肯定自己，至少還會稍微安心一點，就像當對方說「妳乳頭竟然是深褐色的」時，如果可以加上一句「真棒啊」，我心裡好歹不會這麼不安。話說，拿自己深褐色的乳頭來當哏，好像滿有「笑果」的，例如：「我乳頭的顏色，跟這張木頭桌子一樣喔！」

森田：你幹嘛沒事自我崩壞？

清田：算了啦，拿這種糗事來自嘲，至少可以讓氣氛輕鬆一點。像我收入不穩這件事，在前女友面前是完全沒辦法拿來開玩笑的；但是遇到我現在這個老婆，我就可以坦然的自嘲說：「如果把這次的稿費換算成時薪，我一個小時能賺兩百日圓。」

能讓對方看見什麼樣的自己、要把自己隱藏到什麼程度，本來就要看對方的個性或態度。如果兩個人之間的關係與信任越緊密，不想被看見的部分，應該就會比較少一點。

和子：這不就跟第七章主題的結論一樣嗎？

02 素顏絕不見人

清田：剛剛說，我們可以決定自己的哪種樣貌不被對方看見。換句話說，也就是在對方面前所呈現出來的樣子，是經過修飾的自己，沒錯吧？

森田：這大概就跟化妝一樣，我曾聽女性朋友說過：「她已經結婚五年了，但是直到現在，她還是打死不會素顏出現在老公面前。」這件事讓我超驚訝的。

和子：每天都這樣，難道不會覺得很累嗎？

森田：聽到她這麼說，我就立刻想起以前曾經在 Amazon Prime Video 看過的一部影集叫《漫才梅索太太》。這部影集的故事背景，發生在一九五〇年代的紐約，劇中詳細描述了一對夫妻的相處狀況。

例如每天晚上，夫妻兩個人會同時上床就寢，但是等到先生入睡之後，老婆就會起身到浴室卸妝、脫下塑身衣，然後回到床上睡覺。而隔天一早也是這樣，老婆會比先生更早起床，然後開始化妝、穿上塑身衣，再回到床上跟先生一同迎接黎明。看到這些妻子們，為了不讓對方看見不完美的自己，竟然努力成這個樣子，真讓人心疼。

和子：所以像是影集中的老婆，她素顏跟沒穿塑身衣的狀態，就是「她老公從來沒見過的她」。這對於我這種一回到家就扯下內衣的人，光是用想像的，就覺得這種生活很讓人崩潰。

清田：所以說社會上對於性別的刻板印象，拘束力還真是強大，她老公一定沒有發現，自己的老婆為了呈現出完美的一面，做出了多少犧牲與努力。就算是現代，應該還是有很多「不敢讓老公或男友看到自己素顏」的女人吧！

和子：在時下的女性雜誌中，就有一些永遠不會退流行的經典專題企劃，例如「跟男友去溫泉旅行時，要怎麼樣才能在泡湯時不脫妝」，或是「看起來彷彿是素顏的化妝術」、「打造天然蘋果肌、讓氣色變好、變自然的腮紅畫法」，以及「乍看之下什麼都沒做的妝容小心機」，這些關於化妝的種種主題，都建立在絕對不能用素顏來決勝負的前提。

森田：我完全不知道在女性雜誌裡，有這麼多相關主題的專題企劃，但是這些內容，聽起來就跟《漫才梅索太太》裡的價值觀完全一致。

03 洗完澡就立刻跑去畫眉毛的奇怪男友

和子：其實不只女性不敢素顏登場，也有少部分的男性不敢以素顏示人。例如我公司前輩的某一任男友，只要一泡完澡，就會偷偷摸摸的把眉毛畫好才出現。聽過這個故事的人，都私下幫前輩的男友取了個外號叫「歌舞伎演員」。

清田：歌舞伎演員這個外號也太妙了。

森田：畫眉毛？這應該也算是化妝？忽然感受到世代的差異。不過算了，就算是男生，既然他愛化妝就化吧！但是這個男生為什麼不想讓別人看到自己的素顏？

和子：應該是很在意自己的眉毛太過稀疏吧！聽說這個男生，就連到前輩家過夜時，也會常常自己跑去補畫眉毛。這種行為，大概跟我剛剛說自己有個深褐色的乳頭一樣，隱藏著自卑感吧。如果這位歌舞伎演員，能聽到自己的女友稱讚自己說：「你的眉毛稀疏，真是有型！」或許就會漸漸釋懷，覺得好像沒必要化妝化成這樣。

清田：稱讚確實可能會讓自卑的情緒慢慢消失。

森田：前陣子有位女性來我們「失戀 Host」分享，她也說她男友是個打死不脫下帽子的人，這跟歌舞伎演員有異曲同工之妙。聽說只有在關上燈的漆黑房間裡做愛時，這位男性才會脫下帽子，但等到完事一開燈，又已經是戴好帽子的平常狀態了，讓人完全無法看到他脫下帽子後的樣子。

和子：一定是因為他禿頭，或者是頭髮很稀疏？

森田：也可能是有很嚴重的圓形禿。

和子：這話題也太沉重了！因為我也能體會那種不想被看到的心情……。

04 有些「癮」，不想被對方發現

森田：觀眾漁夫的女兒曾經說過，柿之種米果（按：用精磨過的糯米，或者細切過的大米，在表面上塗上醬油包裹，燒製成的米果）在她家是不可或缺的必備零食，而這件事情她完全不敢讓她男友知道。

清田：這麼細碎的居家瑣事，果然很像是漁夫的女兒會分享的內容。

森田：漁夫女兒對柿之種的熱愛，已經到了每天都得吃上一包的成癮狀態，所以家裡隨時都會庫存一些柿之種。但她並不想讓男友知道這件事，因此會刻意把這種習慣，在男友面前給隱藏起來。

清田：為什麼不想被知道呢？難道是因為柿之種米果的形象，已經被定型在中年大叔的下酒菜了嗎？

和子：應該還好吧，據我所知，也有不少女生喜歡重口味的漬物，或是在傳統上被拿來下酒的乾貨小點，哪怕這些零食被認為是大叔專屬。但是，當然還是要說自己喜歡馬卡龍之類的甜點，感覺上會比較時尚，也比較能維護自己的形象。

森田：哈哈，某天她男友正在她家裡小酌，忽然問她：「妳這裡有沒有什麼可以拿來下酒的零食啊？」於是她若無其事的回答說：「被你這麼一說，我忽然想到，前陣子有朋友到家裡拜訪，當時有買了一些柿之種，好像還有剩下一些！」並拿出一包給男友配酒。

和子：明明就是家裡常備的零食，卻要裝成家裡剛好有。

森田：沒錯。而且這種事還不只發生過一次，每次發生時，她都會再表演一遍。

反正家裡就是剛好會有柿之種。

清田：她男友應該也見怪不怪吧！畢竟柿之種米果這種零食，是一大袋裡面有好幾個小包裝。所以在聚會之後，留下了幾包沒吃完也很合理。

森田：雖然這些柿之種米果，在她男友眼中只是上次朋友聚會時，剛好剩下來的零食。但事實上，卻是漁夫女兒吃完又買、買了又吃，已經循環過好幾次的新貨。所以我把這個案例，稱之為柿之種的動態平衡。

清田：動態平衡聽起來還滿不錯的！就像是人類的身體，從外表看起來雖然都一樣，但是體內的細胞已經新陳代謝過好幾輪了。

和子：沒想到森田偶爾也會用一些理工科的笑點。

森田：實際上就是這樣啊，不覺得很貼切嗎？

清田：讓她害羞的原因是也不難理解啦，畢竟囤積這些食物，只是為了滿足口腹之慾，所以難免讓她對於這樣耽溺的自己，多少會感到難為情。這就是我們在第一章

上次聚會時
剩下來的
柿之種
這裡還有
一些喔
……
柿之種
柿之種

看起來雖然是同樣的柿之種，但實際上是已經吃完了又買，循環了好幾次。

裡面所提到，那些為了滿足慾望、卻讓人充滿罪惡感的性感食物。

和子：而且把柿之種米果放在家裡當成每日零食，多半也會給人一種魚乾女（按：比喻像干貝、香菇一樣乾巴巴的年輕女人。指的是一群對戀愛提不起勁，認為很多事情都很麻煩而湊合著過的女性。這個名稱源自日語對魚乾的稱呼干物，意思接近的詞語有喪女與敗犬）的印象。

清田：在家裡邊吃柿之種邊喝酒＝魚乾女＝不像個女人，有這種刻板印象的人還不少。

和子：雖然說是刻板印象，但更讓人不爽的是，有些人根本就是長相歧視。如果是長相普通的女性，她們愛吃柿之種，就會被說成是沒有女人味的魚乾女；如果今天愛吃柿之種的，是長相甜美又有魅力的女性，就算大口大嚼，也會被熱切的稱讚說：「沒想到她長這麼正，竟然也跟我們一樣吃這種大叔零食，真是親切可愛又沒架子。」

森田：呃……好像真的是這樣。

和子：我不小心又離題了，總而言之，女性想要表現出自己喜歡吃柿之種，竟然還需要一點勇氣。

清田：強迫自己不要在男友面前做出某種行為，基本上就是一種自我制約。就像我某一任女友有抽菸的習慣，但她絕對不會在我面前抽，像她這樣約束自己，大概也跟我所散發出的態度有關。

森田：你應該沒有明確要求她不要抽菸吧？

清田：當然沒有。畢竟我覺得那是個人的權利，我沒有理由這樣要求她，但我心裡面確實不希望她在我面前抽菸。大概我心裡的真實想法，在不經意當中透露出來，以至於對她形成了一股無形的壓力。

不過現在想起來，不管自己當初是有心或無意，讓對方得要揣測自己的想法，並因此限制自己的行為，實在是很不ＯＫ。

05 我會自慰……

清田：女性的自我制約，會展現在各種方面。例如我曾經聽過好幾位女性朋友們說：「我男友根本不知道我會自慰。」事實上確實有許多男生都認為自己的女朋友不會自慰，甚至其中還有一部分認為女生是沒有性慾的。

和子：我學生時期的室友 Aba，就是個不受傳統拘束、性觀念也非常開放的人，所以在她的房間地板上，常常會出現按摩棒、跳蛋等用來取悅自己的小道具。

森田：真是個亂七八糟的房間。

和子：每當我跟其他男性朋友們討論起這件事，他們都會面露驚訝的說：「女生也會自慰？」總覺得在這些男生們的既有觀念中，女生自慰是只有在A片裡才會出現的情節。幾個稍微有點概念的，他們充其量也只是認為這些女性自慰用品，是在做愛時用來提升情趣的輔助道具。

森田：這確實是一般人的想法。他們從來都不覺得女生也會自己尋開心。

和子：嗯，大部分的人都認為女生不會自慰。只有像我這種把性愛掛在嘴邊，講話粗魯又大喇喇的女人，才有可能會做出自慰這種事。

不過根據我的觀察，在聯誼的場合中，如果話題開始往十八禁的方向走，在場男生們最想問也最常問的問題就是：「妳們女生私底下會不會自慰？」但我實在是不能理解，你們大多都覺得女生不會自慰了，為什麼還要再特別確認。像我們女生，就根本不會想要知道男生自慰的事情啊。

清田：這畫面好有即視感，我好像有遇過類似的狀況。但是通常這些男生，都不會也不敢直接開口問「妳會每天自慰嗎」之類的問題。

森田：男生如果開口就問這種問題，未免也太讓人尷尬了，而且很有可能會被當成是性騷擾。所以肯定是不敢直接問。

清田：不然就是等女生們說了「我不會自慰耶」之後，反而興沖沖的想探聽一些更仔細的私密情節。

和子：對啊，這些男生們就是這樣。每次他們想要讓在場的可愛女生們說出自己的私密自慰經驗，就會先丟球給我。大概認為我這麼直白又敢說，如果願意先分享自己的經驗，那他們就可以對其他人說：「妳看，和子都分享了，那妳呢？」進而達成他們的企圖。這種套路，還讓我在女性朋友之間被戲稱為「陰道仲介」呢！

清田：用妳來當套話的幌子，這太奸詐了。有沒有考慮到妳身為「被佯攻對象」的心情啊，真是讓人不開心！但是不知道該說這些臭男人是笨還是單純，他們老是一廂情願的認為「我的女朋友才不會自慰」、「像那種大喇喇的女人，平常一定會自慰」，或是「別看她乖巧文靜的樣子，私底下其實也很淫蕩」，用自己偏差的觀念來對女性標籤化，真的非常失禮。

和子：對啊，這種人怎麼不去死一死啊？

06 四十幾歲還夢遺……

清田：剛剛說到自慰。其實我從結婚之後，自慰的次數就急速下降了。並不是因為平常做愛的次數很頻繁，所以性慾得到紓解，這或多或少跟年紀可能也有點關係，但總之，就是不太常打手槍了。而且打手槍這件事，也是我完全不想讓老婆知道的事情之一。

和子：「想要擁有獨處的自慰時間」這個問題不只會發生在朝夕相處的夫妻之間，只要是有人一起同住，尋找自慰的好時機就是一個大難題。

清田：那森田的經驗呢？

森田：由於我本身沒有什麼自慰的習慣，所以這方面的經驗很少。

和子：咦？

清田：蛤，還有這樣的喔……。

和子：所以森田是「禁『慰』軍」？

森田：什麼軍？

和子：禁慰軍，就是指那些從來都不自慰的人。不過這個名詞，通常都是以女性為主，沒想到也有男生適用。那為什麼森田會沒有自慰的習慣？

森田：其實我到前陣子為止，都相當投入鐵人三項跟跑山越野賽，所以每天花了很多時間在訓練體能。大概就是因為這樣，所以沒有多的時間可以拿來打手槍，也沒有多的精力可以分配給「鍛鍊下體」。

清田：你對訓練也太偏執了！我要透過這個機會告訴讀者們，雖然森田看起來正經八百的，但他其實是我們三個人當中最瘋狂的人。

森田：最近因為本業比較忙，所以完全沒有時間來訓練體能，或許就是因為這樣，精力因此滿了出來。所以前幾天，我經歷了人生中第二次的夢遺體驗。

和子：都四十幾歲了還會夢遺？

清田：當然會啊！

和子：講得這麼肯定。

森田：其實我自己也被嚇到了。畢竟我都有定期向老婆「交功課」，囤積的量應該也不是太多。大概就是因為體能訓練停止的緣故，精力有些過剩？

清田：你也太有事，上次講最深刻的情慾體驗，你分享夢遺，這次又來啊！

森田：上一次是我人生中的初次夢遺體驗，但我現在要說的是第二次。我人生到目前為止，也只有經歷過這兩次，兩次都拿來跟大家分享了，不覺得我的夢遺很有價值嗎？

和子：這是哪來的自信啊！那你老婆知道你前幾天夢遺的事情嗎？

森田：當時我老婆就睡在我旁邊，但是因為當下覺得有點丟臉，所以我偷偷摸摸的去把內褲洗乾淨。不過隔天早上回想起這件事，覺得實在很好笑，就坦然的分享給老婆聽了。

清田：你是說你老婆知道你四十幾歲還會夢遺？

森田：對啊，她還問我到底是夢到什麼色色的情節，但遺憾的是我已經全部忘光光了。

和子：從老婆的立場來看，確實會對春夢的內容感到好奇。

森田：之前我老婆還一直問我，我都是看哪種類型的A片來打手槍。雖然那些片子都放在我那臺超過十年沒開機的老電腦裡，但不管我老婆怎麼盧，我都拒絕她了。

清田：這也算是不讓老婆知道的另一面呢！

森田：本來就是，雖然我沒有什麼特殊的性癖好，但是把性幻想的情節告訴老婆，這也太讓人尷尬了，哪怕我絕大部分的事情都可以跟老婆分享，但唯獨「性幻想的題材」這件事，我一點都不想跟她聊。

07 看A片滿足性癖好

和子：可能是你老婆想知道，她跟能讓你興奮的類型，是不是有吻合吧？

森田：是這樣嗎？

和子：就像我以前偶爾也會偷看一下男友手機，看他曾經搜尋過哪種類型的A片。結果發現，他喜歡的竟然全都是很「胸」的「爆乳系」，這讓我超沮喪。畢竟我一直對自己的貧乳感到很自卑，也曾經跟他討論過這個煩惱，他每次都會回答我說：「不會啦，我不是那種喜歡大胸部的人。」但他每次都搜尋爆乳系的片子，那肯定就是喜歡大奶的胸奴啊！

森田：這樣啊……。

和子：而且他看的那些片子內容都很正常，就只是一般大奶妹的A片罷了，我還寧可他去看一些特殊類型的獵奇片，像屎尿什麼的，心裡或許還會比較好過一點。從此之後，每次跟他做愛，我就會忍不住的亂想「他其實比較想跟大奶妹來一發吧」？

森田：那如果A片裡的女主角跟妳類型很相近，妳就不會沮喪了嗎？

和子：你是說像女高個兒這類的嗎？這好像也有點奇怪，說不定到那個時候，我會認為他跟我交往「只是為了滿足『性癖好』」，然後也因此感到厭惡。

森田：那有那種不會讓妳感到壓力，可以放心給對方看的A片嗎？

和子：大概就是老師或護士這種角色扮演類型的，畢竟這一類的A片，只是對於場景或身分的幻想，跟身體或外型特質比較無關，也不會讓人跟片中的女主角來做比較，這樣就不會有「自己跟A片女主角落差很大」的失落感。

清田：畢竟這也會讓人產生疑慮，懷疑對方是不是透過看A片來滿足跟自己相處時，所無法得到的快感。

和子：對啊，例如他想從 AV 女優身上，填補對於我身體的不滿與遺憾。

森田：想太多了，不過一般情侶或夫妻，應該都不會知道，對方究竟喜歡看哪種A片吧？

清田：其實……我老婆知道我喜歡的類型。

森田：真糟糕，是什麼樣的片子被發現了？

清田：就是……那個……其實我不太想被人知道。我感「性」趣的女優類型，說直白一點的，就是 body 稍微 Fat 一些，然後比較 eider 的 woman 啦。

和子：這種夾雜英文的說話方式，你是日本搞笑藝人大柴亨嗎？

森田：沒想到你的性癖好，跟日本搞笑團體「奧黛麗」中的春日先生一樣。請問一下，你說的 eider 是指年紀多大的女性呢？

清田：其實許多A片的演出角色都有設定過，所以我不知道那些女優的實際年齡。但如果以現實生活來判斷，我喜歡大我十歲以上的女性，不過現在有很多四十出頭歲的女生，看起來也還是很年輕。

森田：你的意思是說，重點不在實際年齡，而是對方跟自己的年齡差距，這還滿特別的。那你老婆是怎麼發現你性癖好的？

清田：我以前曾經在網路專欄上寫過這件事，從此之後，只要在路上看到彷彿合乎標準的女性，我老婆就會一直問說：「你覺得那個女生怎麼樣？」

森田：你喜好的特徵這麼具體。但是你老婆年紀比你小、身材又苗條，會不會像和子說得一樣，她其實很在意自己跟你的性趣不合。

清田：沒有啦！她只是覺得這樣很好玩，所以才故意逗我，一直問個不停。

和子：你老婆是完全不會受到刺激，也沒有自卑感爆炸的爽朗類型，這樣真好！但我記得清田不是也會對於老師或護士之類的角色有迷戀？

清田：也不算是迷戀，只是我從高中開始，就嚮往被身材豐滿的女性擁入懷中，當時的渴望也一直延續到現在。但是我聽其他男生朋友們說過，對自己男性陽剛特質感到反感的人，對於女性特徵明顯的對象，會比較無法抗拒。

而我對自己的分析是，因為從事了桃山商事的工作，聽到太多渣男的事蹟，所以我對於自己內在「受到性慾主導的男性特質」，充滿了可能會讓人受傷的負面觀感。

此外，我對於年紀稍長、身材圓潤豐滿的女性，會有一種「溫柔又有包容力」的刻板印象。

所以心裡面總是覺得，就算我有比較特殊的性愛要求，她們應該也能包容，我自己的罪惡感也比較不會那麼深，所以這一種類型的女性，通常是我主要的性幻想對象，我自己是這麼認為啦！關於這方面，其實還有很多可以深入探討的地方，但是……咦？我是怎麼說到這裡來的？

08 看A片學性愛技巧

和子：我們剛剛是從男友根本不知道女生會自慰的話題，跳到男生看A片的事，然後才扯到這邊來。

清田：原來是這樣，那回到剛剛的A片話題。我也聽女生朋友們說過：「我男友根本不知道我會看A片，更別說我是那種會把A片快轉，直接進入重點橋段的人。」如果男方連自己的女朋友會看A片都不知道，那根本就無法想像自己的女朋友會為了獲得自慰高潮，快轉A片只看重點情節。

森田：如果她的男友還是屬於那種「不認為女生也有性慾」的老派人，一旦知道這些過程，可能會被嚇到血壓升高。那和子妳平常有看A片的習慣嗎？

和子：我幾乎不太看。雖然我有些女生朋友，是屬於常常看A片的一群。

清田：記得我以前有寫過關於「女性看A片」的文章，當時詢問過許多女生們看A片的原因，她們的回答大多是「為了增進性愛技巧」、「想看看AV女優漂亮的身材」、「想從中獲得興奮的感覺」，除此之外，還有說看A片能「消除睡意」的、有說可以「促進睡眠」的，每個人的答案五花八門、各有理由，十分有趣。

森田：真的什麼答案都有，從這一點看來，男生們就相對單純，看A片基本上就只是為了要射精爽一下而已。

清田：對男生來說，A片本來就是拿來輔助自慰的感官刺激。不知道對女生來說，是不是也有同樣的功能？

和子：我沒有看著A片自慰的經驗，所以沒有辦法回答這個問題。但我比較好奇的是，男生們在選擇A片來當作自慰的輔助工具時，挑選A片的喜好與標準，跟實際上的性癖好有什麼直接關聯嗎？

清田：這該怎麼說呢？我自己是覺得，挑A片跟實際的性生活之間並沒有什麼直接關聯。通常大家在挑片子時，都是隨便看看，忽然間覺得這部好像不錯，就瞬間決定了。

森田：就像清田剛剛說，他對特別的女性類型會比較容易有「遐想」；但是對我來說，我則是比較容易對奇幻情節感到興奮。

和子：是這樣嗎？所以我前男友看大奶妹的A片，或許就只是追求某一種奇幻的妄想罷了？

森田：當然是有這種可能。

09 我喜歡背後位，但他根本不知道

清田：另外在性愛這件事情上，女生們也有許多男友或老公不知道的一面，例如我就聽過女性朋友們說：「做愛的時候，我比較喜歡在上面，但男友完全不知道。」因為她喜歡跨坐在上面時強烈扭腰的快感，但她男友是那種永遠只有正常體位的人，所以她根本不敢讓男友知道自己的喜好。

和子：確實是這樣，畢竟「騎乘位」是要申請的。

森田：要申請是什麼意思？

和子：通常是在猶豫著該不該跨上伴侶時，會聽到對方說：「坐上來吧！」女生才敢跨坐上去。總而言之，這是個做愛時追加的體位選項，不一定每次都會有。

清田：原來如此。畢竟在做愛時，與其要女生主動追求自己的快感，不如說她們通常更習慣配合對方，所以只會在對方要求時採用騎乘位。

和子：這當然還是要看人啦，以我個人來說，比起女生在上面的騎乘位，我更偏好從後面來的背後位。

森田：啊……。

和子：不好意思爆了自己的料，這還真是害羞，因為從後面來的體位，不用直接面對對方審視我長相與胸部的眼光，這會讓我降低不少心理壓力，也比較容易感受到快感。

但背後位同樣也是申請制，要對方接受引導之後，才可能在做愛過程裡加入這個選項。尤其有些男生會擔心這個體位似乎帶有羞辱的感覺，一定要女方小心引導，才可能會接受。

清田：那妳都是怎麼引導對方的？

和子：我的方法大多是直接表現出「還有這種姿勢喔，我們要來試試看嗎」，但其實內心的真正想法是「這種體位最舒服了，除了這種姿勢以外我都不要」，但也只是在心裡想想罷了。

森田：顧慮還真多。

和子：因為喜歡歸喜歡，但是要開口請對方配合，實在相當難為情。所以只能慢慢引導對方，讓兩個人都培養出做愛的默契才行。

清田：我知道這種感覺。因為我超喜歡別人輕輕摸著我的背，也曾經想要直接要求女友這麼做，但始終開不了口。

和子：摸背？是什麼意思？

清田：以前小時候，不是很流行在別人的背上寫字，然後要對方猜自己寫什麼嗎？當別人用手指在我背上寫字時，我都會覺得好舒服，所以只要是別人寫字讓我猜，我都會故意說：「我猜不出來，你再寫一次。」長大談戀愛後，也超想請我女友摸摸我的背，但是我怎麼樣都說不出口。

森田：你說不出口的理由，跟和子剛剛說的一樣嗎？

清田：類似吧！總覺得要求伴侶做些跟性有關的服務，會有種莫名的罪惡感，也會擔心自己提出這種要求，會不會被對方討厭。

森田：不過我自己是覺得，把你想要的感覺告訴對方或許會比較好，說不定對方也會很高興，因為你願意跟她分享這些感受。

清田：或許吧。因為我也不知道提出這種要求，到底算不算自私？也有可能只是我無法坦然的表達自己想法。總之，我覺得我跟和子一樣，都會故意營造出「我們一起發現了某種特殊偏好」的假象。

和子：完全認同。

清田：例如某天我忽然被對方碰觸了後背，就要立刻把握機會，順勢告訴對方說：「妳剛剛摸我的方式好舒服！」然後引導她繼續做這個動作。但心裡面其實吶喊著：「如果還能用指甲抓個兩下，就更棒了。」

森田：雖然你心裡面這麼幻想，但是大概你交往過的女友，都不知道你有這個癖好吧！像這樣無法直接說出自己的需求，應該是我們日本人的民族性所致！

清田：有可能喔！像我看歐美電影或是Netflix裡的外國影集，裡面的男女角色對於自己想要什麼、喜歡什麼，總是毫不猶豫的直接表達。能這麼直白的提出要求，真的很不錯。

森田：其實我也會直接告訴我老婆說：「我怎麼做妳會比較舒服，可以跟我說喔！」然後她也會明確告訴我她的感受或想法。雖然剛開始時，我們會因為這麼直接而有點不習慣，但是長久下來，確實比較容易享受到性愛的歡愉。

10 每一種面貌，都是真正的自己

清田：在我們討論過這麼多案例以後，我其實有個體會，那就是夫妻或情侶之間，本來就有很多對方所不知道的面向。

森田：對啊，我們總是以為「彼此都已經是夫妻了，理所當然應該知道或了解對方的一切」，但實際上卻不完全是這樣。例如我就不知道我老婆在工作時，是屬於哪種類型的人。這就像小說家平野啟一郎說的「分人理論」，他說**每個人都有許多不同的面貌，我們會依據對象、時間或環境，來決定要用什麼面貌跟對方相處。這些不同的面貌並不是刻意偽裝，每一個你所表現出來的形象，其實都是你「真正的自己」**。

清田：所以這一章雖然我們討論的是男友不知道的我，但其實不只在戀愛上，我們有很多面貌，都是朋友、公司同事或家人們所不知道的。

森田：就像我公司裡的主管，就不知道我在桃山商事擔任專務。

和子：我也是耶！如果這本書被公司同事看到的話，我一定會很想死。

森田：但是從心理素質的層面來看，其實勇於接受自己的各種不同面貌，會比較健康一點。畢竟不論哪種面相，都是真正的你。

和子：但是我在公司裡的形象，並不像現在這麼粗鄙直接，也不是個愛亂放炮的人啊。話說，這本來就很應該吧。

清田：哪怕我跟森田認識了二十多年，還是有很多彼此不知道的一面呢！

森田：例如我就從來沒想過，清田想要被圓潤豐滿的熟女擁入懷中。

和子：還有森田沒有自慰習慣的這件事，也讓我超驚訝的啦！雖然我連「喜歡從後面來」的這種事情都說出來了。

清田：性的世界，真是非常深奧。

第十章

原生家庭對你的影響

原生家庭對一個人的影響，就像是一首樂曲的主要和弦，曲子或許會有抑揚起伏，但和弦總在樂曲的背景中不斷重複，決定著曲子的氣氛與節奏。當兩人在戀愛中產生交集，這主要和弦就會影響我們的戀情和諧與否。

如果是不和諧的狀況，那些來自我們原生家庭與父母的教育或影響；那些我們覺得理所當然、再正常不過的事，在另一半的心中，都將會成為吵雜刺耳、難以忍受也無法忽視的噪音。

和子：只要是女生們聚在一起，一定會聊到的一個話題就是「與對方媽媽之間的關係」。而這也是我們在討論戀愛與原生家庭這個主題時，第一個所會遇到的問題。

清田：我們以前在「日經 Woman Online」這個網站上，曾經做過一系列「戀愛諮商」的內容連載。我記得當時有一位三十歲左右的女性，曾經跟我們分享過她的煩惱：她想跟男友結婚，卻發現對方好像有些「媽寶」，這讓她非常的擔心。

森田：我也記得她說她男友到現在都還跟父母同住，而且連內衣或外出服，都是媽媽幫他買好的，就連跟女友一起約會時，也會不斷的跟媽媽互傳訊息。所以她想詢問我們，如果以第三者的客觀角度來判斷，她這個男友究竟是不是個媽寶？還是純粹只是跟媽媽感情好而已？

清田：這個問題的關鍵，應該是他到現在連穿的內衣，都是媽媽幫他買的吧！

和子：像這種事情，我通常都只是聽說。沒想到現實生活中，真的有這樣的人。

清田：感覺上這個男生，應該只是單純認為「買衣服這種小事，給我媽處理就好」，不在我的管轄範圍內。

和子：換句話說，專管他服裝的是「媽媽」。

森田：那結婚之後大概專管他服裝的就會是「老婆」了吧！

清田：我覺得這個女生在意的不是誰要專管他服裝，而是她男友的這種行為，究竟能不能算是個媽寶？

森田：但是每個人對媽寶的定義都不一樣。有些人會覺得這個男生只是跟媽媽相處得很融洽；但有些人就會認為這種行為太過依賴母親，完全是媽寶。

和子：我也聽朋友說過類似的案例：每當她跟男友一起外出旅行時，她男友會不停的拍照傳給媽媽看，例如她們到了一處海邊，這位男生會立刻拍下美麗的海景，並傳 LINE 跟媽媽分享。

當時聽完她的描述，我們在座的那群朋友，有些人馬上就覺得這個男生真是媽寶；但是另外一些人則只是單純的覺得他們感情好，沒有什麼好奇怪的。

森田：每當看到一處漂亮的景色，就立刻想跟媽媽分享，這在外人聽起來，他們母子之間的感情可以說是相當深厚，但是從站在一旁的女友角度看起來，確實會感覺到有點不是滋味，但又不能說他不對。

和子：萬一男友媽媽還是個很難搞的人，就算他們母子倆只是感情好，女方也會覺得不耐煩。因為在這種情況下，根本無法向男友說出自己對他媽媽的真實心聲。

01 媽寶，與媽寶的媽

清田：我這邊也有一個可以分享的故事。我有一位女性朋友，她老公就是「不管做什麼決定，都要先問過媽媽意見」的人。從他們結婚前在挑婚紗的時候，她老公就會把所有考慮中的禮服樣式都一一拍下來傳給媽媽看，結果媽媽對這些禮服都不滿意，這位仁兄還為此跟準新娘說：「妳要不要再挑挑看其他款式？」

和子：這男的也太誇張了吧！什麼事都要聽媽媽的，難道沒辦法自己決定嗎？

森田：恐怕他從小到大的所有事情，都是他媽媽一手包辦的，所以只要沒有得到媽媽的認可，他就什麼事都無法決定。忽然覺得要跟這樣的男人一起生活，未來一定為遇到許多讓人無言加翻白眼的鳥事。

和子：好慘，不過這種反應，跟一個口令、一個動作的傳統日本上班族很類似，就像那種「事情不分大小，都要鉅細靡遺的向主管報備並一一取得許可」的人。

清田：對啊，就是本身沒有任何判斷能力，只能當個傳聲筒轉達意見的傢伙。哪怕被客戶抱怨說：「這樣不行，請修改後再重新提案。」他也只能依照他人的指示來略做調整而已。

森田：這個男生也太以媽媽的意見為主了。

和子：他媽媽應該也不是什麼省油的燈，竟然還出手干預兒子跟準媳婦在婚禮上的禮服搭配。

清田：一般來說，母子之間的相處關係，外人是很難理解的，如果男方沒有特別說明或解釋，那女方也只能一邊觀察、一邊猜。

哪天剛好遇到什麼特殊機會，或許才能從中推知一二，等到這時才發現對方是個媽寶，為此崩潰也是很正常的事。

森田：但是從剛剛的幾個案例來看，不只是男生的關係，這也包括了媽媽無法放手把自主權還給孩子所造成。

和子：沒錯！另一個大問題就是「媽媽也離不開小孩」。我有一個朋友的表姊，她婆婆動不動就對別人炫耀：「我家兒子啊，在補習班的時候，成績超好的……。」婆婆跟別人閒聊的時候，也淨說一些她老公小學時的陳年往事。

而且更誇張的是，在她們的婚宴上，這位媽媽還會依照兒子同學當年在補習班的成績高低，來決定要怎麼稱呼對方：只有分數高的同學，她才會在稱呼時把名字後面加上「先生（小姐）」等敬語；至於分數低的，就隨意直呼人家的名字。

清田：對這位母親來說，兒子在補習班的階段，大概是她最充滿光榮、也最難忘的一段往事。因為當時兒子耀眼的成績，對這位母親來說，同時也是肯定她身為好媽媽的最佳證明。

森田：畢竟跟著孩子一起面對升學考試的折磨，對父母來說，本來就是非常辛苦的過程。

和子：最後我那個朋友的表姊，也因無法跟對方家人相處，落得雙方最後以離婚收場。除了這個案例，我最近也遇到一件很詭異的事情，就是某些媽媽會過度迷戀自己的孩子。

前陣子我滑到了某位女性友人的IG，結果放眼所及全部都是她一歲兒子的照片，她每天不停的瘋狂拍照與上傳，似乎要告訴別人她有多愛她兒子。相對於這位媽媽的瘋狂程度，當爸爸的好像就比較不會做出這種事。

森田：我確實很少看到當爸爸的這樣做。

和子：而且這個女生，還會在上傳貼文時刻意強調自己最喜歡自己身上的哪些優點，都剛好在兒子身上完美複製。

森田：例如「寶貝的這個部分好像我喔」、「兒子這種性格，大概是遺傳到我」，類似這樣嗎？

和子：沒錯，就是這樣。這位媽媽還會說：「我兒子正在哼日本樂團 **Fishmans** 的歌曲！」並在貼文加上關鍵字 # 哼唱 **Fishmans**。

森田：這只是媽媽自己的喜好吧？因為媽媽既喜歡也很常聽 **Fishmans** 的音樂，

才會覺得兒子正在哼著他們的歌。與其說她迷戀兒子，不如說她更強烈的愛著自己。我已經能預見這個媽媽，在她兒子的婚宴上致詞時會說：「我兒子啊！從一歲開始就能哼唱 Fishmans 的歌。」現在說這個雖然還太早，但她兒子未來的另一半，應該會在媽媽的陰影下過得很辛苦。

和子：確實很有可能會發生。另外在我的生活周遭，我也常聽到許多因為媽媽太寵溺兒子，所延伸出來的各種戀愛麻煩事。例如我的一位好朋友就說過，她跟她男友同居了好一陣子，她也常會參加男方家裡的聚會。

某一次聚會時，男方的媽媽喝醉了，竟然質問兒子的女朋友說：「妳有沒有每天好好做飯給我家兒子吃啊？」

清田：這種用「關愛」當理由來爭兒子的寵，真是讓人心累。

和子：但好玩的事情發生了，男生的姊姊忽然對著媽媽插嘴說：「奇怪，為什麼女生就一定要負責煮三餐？」

清田：哈哈，真是傑出的一手。說不定這位姊姊也時常遭受到媽媽的碎唸攻擊，所以才會選在這個時候回嘴吐槽自己媽媽。

和子：就在這群女生互相鬥嘴的時候，身為戰火當事人的男友，竟然就這麼開啟「回老家的廢物模式」，在旁邊一副事不關己的放空。

森田：就好像是開了自動導航一樣吧？

清田：沒錯，這就是男人們最典型的反應。每當妻子與家人之間，發生了婆媳或姑嫂的問題，他們要嘛就身處其中，卻什麼都不說的當個沒事人，再不然就是尋找機會逃離現場。但其實每個女性，在此時都會希望身邊的這個男人，可以挺身而出的說幾句公道話。

02 要求另一半按照家裡規矩過生活

清田：說到戀愛與原生家庭，我也聽過一個符合本章主題又很值得討論的故事，是某位女生朋友跟我分享的，她說她男友有著獨特的吃飯順序，而這個習慣的養成來自於他媽媽。

森田：每個人的飲食習慣，確實都是在原生家庭中不知不覺養成的。

清田：此案例當中的男生，他吃飯的習慣是先把小菜吃完，最後才吃飯。不只在外面用餐時會這樣，就連去到女方家裡，他也維持這種吃法，這讓女生相當困惑。如果有某一餐的小菜分量比較少，這個男生還會主動問說：「小菜就只有這些嗎？」

和子：這樣會讓備餐的人覺得很煩。

清田：一直到某次，女生去男方老家作客用餐，看見餐桌上擺出了各式各樣的小菜，等到大家都吃得差不多了，白飯最後才上桌。這時她才發現，原來男友媽媽平常就有小酌的習慣，所以他們家一直都保持著這種上菜的順序。

森田：就像在居酒屋吃飯一樣。

清田：沒錯。就像在居酒屋吃飯一樣，通常會把飯留到最後，等到結束前如果還有點餓的時候才吃。一直到親眼看過男方家的吃飯流程，才終於解開她心中的疑惑。

和子：能解開謎團是很好啦，但是要求另外一半也依照自己家裡的規矩來過生活，這樣有點超過吧？

清田：許多男生都會跟剛剛那個案例的男主角一樣，要求女朋友或老婆，非得按照男方媽媽的習慣來打理生活。我自己是覺得，這種行為在某種程度上也算是媽寶。

和子：這種無理要求，是我完全無法接受的噁心程度。

清田：對男生來說，大概不會意識到自己正在做出某種要求吧？他們只是依照自己的習慣，反射性的希望能這麼做，而沒有自覺。

和子：媽媽的影響力還真大！

森田：因為在大多數的家庭中，媽媽是育兒教養的主要承擔者，所以媽媽對於小孩子有這麼深厚的影響力，這一點也不奇怪。

和子：那你們覺得自己被媽媽影響最深的事情是什麼？

森田：我自己是覺得，從我基本的思考模式到行為舉止等，都受到我媽很大的影響。例如凡事會追根究柢，不得到答案絕不善罷甘休、或是對別人的眼光或評價不太在意。這些大多是在我長大之後，跟媽媽聊天時會忽然發現「啊！原來我也跟老媽一樣」，此外還有偏向自由主義的政治立場等，也跟我老媽很相近。

我們只有在戀愛跟家庭觀的方面不太一樣，我媽還是維持著比較保守的態度，有時也會執著於「男主外、女主內」的傳統想法，畢竟她就是那個時代的人。

和子：所以家事得由女方來做這一點，你並沒有受到你媽的影響？

森田：其實多少也有。尤其在剛結婚不久後，我還是保有那種傳統女主內的老觀念，只是當時的自己沒有什麼感覺，還曾經為了做家事跟老婆吵過架。直到那時我才驚覺，原來自己也是那種「認為男生不用做家事」的老派人，虧我還自認為是個擁護男女平權的現代人，這讓我超訝異。

03 我想從控制狂媽媽身邊逃走

和子：那清田呢？你覺得你媽對你有產生什麼影響嗎？

清田：這應該怎麼說才好？我比較像是拚命的想從我媽對我的期許，以及她加諸在我身上的願望中逃脫。其實我跟我媽大概只有長相，會被人說有點像，其他像是價值觀什麼的，我們母子倆完全都背道而馳。

和子：聽你這麼一說，我腦海中好像已經能浮出清田媽媽的樣子。

清田：我媽從小就對我實施上流社會的精英教育，讓我穿著「雷夫．羅倫馬球」（Polo Ralph Lauren）之類的名牌服裝、希望我能考取貴族學校等。但是我並沒有如她所願的去讀明星學校，因為在國中的入學測試中我考壞了。

除了她希望我做到的事情之外，其他我基於個人興趣所從事的各項活動，例如小時候愛踢足球、現在以寫文章為業之類的事情，我媽一概都不感興趣。

森田：我記得清田在二〇一八年時，曾經接受過《AERA》雜誌「現代的肖像」專欄採訪（十一月二十六日出刊）。

清田在那篇報導中提過，清田媽媽在老家附近偶遇清田以前的同學，對方問：

被媽媽以「貴族規格」養大的清田。

「清田現在從事什麼樣的工作呢？」類似這樣的問題，總是讓清田媽媽覺得很困擾，因為她根本不知道清田的現況，所以只能回答對方說：「我也搞不清楚他現在到底在做什麼耶。」從這段過程完全能展現出清田媽媽對清田的喜好完全不知所然。

和子：這樣很不錯啊。

清田：我媽對於我想要什麼、喜歡什麼還真是一點都不關心。感覺上，她只是把自己的願望跟期許，全都寄託在我身上而已。

我讀小學的時候，剛好是日本的泡沫經濟時期，那時候大多數的家長們都很愛比來比去，希望自己小孩能順利進入名校就讀，幾乎快要到達失心瘋的狀態。可能因為這個緣故，我媽極力想控制與干涉我的生活，這讓我超想逃跑，可是又擔心如果真的逃走，心裡會有罪惡感。

和子：在這種環境下長大，竟然還可以逃離控制，這也太強了。

清田：長大之後，我回顧那段童年時光。我認為最大的關鍵在於，我老家在東京下町的商店街裡開電器行，我是在商店街長大的孩子，所以身邊除了爸媽之外，還有許多商店街裡的大人們。他們最常對我說的一句話就是：「你媽媽還真是辛苦。」

森田：在商店街長大的孩子？你成長環境還滿特別的。所以你能逃離媽媽的控制，跟這樣的環境也有關係？

清田：有可能。因為我從小學開始就覺得媽媽很煩，每當她一直催促我去讀書時，我就會逃到隔壁的藥局裡，藥局的奶奶常會笑著跟我說：「沒辦法，誰叫你媽媽是女王大人。」

雖然商店街裡的人們彼此感情都不錯，但從他們這些外人們的眼中，我能感覺到他們對我媽的評價多半都是「我行我素，有自己獨特的標準與價值觀」，就因為知道了這些外人的評價，所以我對我媽的過度干涉，比較能用第三者視角來看待，而不被左右。

和子：看起來確實是這樣，因為能這麼客觀分析自己與媽媽的關係，在男生中，你應該是我僅見的一個。

清田：我也不敢說完全沒受到我媽的影響啦！像是性格急躁、沉不住氣等，這些就跟我媽超像的。而且，我明明很討厭別人過度干涉我的生活，但我卻會在不知不覺中，做出跟我媽一樣的事情，對身旁朋友管東管西。有時候發現自己也在干涉別人家的事，就會讓我不寒而慄。

04 控制狂媽媽與控制狂兒子

和子：像控制狂這種毛病，具體的表現會是什麼？

清田：像我前女友，她姊姊跟姑姑都有很強烈的控制欲。以她姊姊來說，雖然平常人不錯，但是對她妹妹管東管西，只要晚上超過十點還沒回家，就會打電話來關切「妳現在人在哪呢？」、「很晚了，快點回家喔！」

如果哪天妹妹想外宿，還得特別向姊姊報告來取得同意，但也不是每一次都會答應，偶爾還是會得到「不行！妳立刻給我回家」的答案。總之，我前女友一直都處在要看姊姊臉色的狀況。而前女友姑姑的控制欲，則是屬於另一種類型：她在聊天時，總是會刻意把話題引導到結婚以及婚後生活的內容上，並強勢的對晚輩的生活下指導棋。

例如，她曾經擅自跑去調查我老家的土地及不動產，還當面毫不掩飾的問我：「你老家的房子，未來是由你繼承嗎？」、「你爸媽年老之後，讓你妹妹負責照顧就可以了吧！」她總是很失禮的探問別人家的隱私。

森田：這也太可怕了，她真的知道自己在說什麼嗎？

清田：因為我澈底看清這兩個人，所以開始鼓勵我女友離開那個家。畢竟當時的我覺得她們只會給我女友帶來負面影響，而我女友在這個環境中，應該也生活得相當痛苦。

和子：你以為你是拯救公主的騎士喔！

清田：我不斷的鼓吹女友說一個人住外面，絕對比跟她們一起住要來得好。而且就算女友沒有拜託我，我還是一頭熱的幫她找房子，甚至也打算要幫她向家裡開戰。當時我心想：「我們從高中開始，就已經是很親密的朋友了。雖然她家從嬰兒時期，一路把她養大。但她青春期到現在的所有大小煩惱，只有我最清楚，我才是最了解她的人。」

森田：你的反應也太過激烈了，你才有控制欲的問題吧！

清田：沒錯，就是這樣。所以當女友受不了而主動向我提出分手時，我還自以為是的認為「她一定是被姊姊跟姑姑洗腦，才會做出這種決定」。

我完全無法接受自己是個控制狂的事實，還自己騙自己在腦中上演小劇場：「這一切都是姊姊跟姑姑在背後搞鬼、我女友是不想跟我分手的（＝我們一定會復合），只要讓我們見面聊聊，她一定會立刻回到我身邊。」現在回頭看這一切，應該都是我那莫名其妙的控制欲所造成。

森田：清田有時候確實會把別人的事都當成是自己的事，越親近越是如此。所以很容易就把自己的期待，強加在對方身上，例如桃山商事的初期成員廣報，就遭遇過這樣的壓力。

清田：我對廣報的控制欲，可能比對一般人還要嚴重。畢竟我們從國中開始就玩在一起，他父親還曾經對我說過「我兒子就交給你了」，這句話讓我自以為是的覺得最需要對這傢伙人生負責的人，就是我。

和子：這跟你對那個前女友的態度，出發點完全一樣。

清田：沒錯，我一直到最近才開始發現，我對於戀人或好朋友的干涉無上限，根本就是我媽的翻版，這讓我超震驚的。

因為我自認為，當我可以客觀看待母親的狀態，就代表我已經擺脫母親的影響了。但沒想到我在無意識中，竟然做著跟她一樣的事，這代表我只是知道，距離做到還差得遠。

和子：為了時時提醒自己，乾脆在身上刺青好了。

清田：要刺什麼？刺「Remember 清田」嗎？

森田：不論是好的或壞的，我們在無形中都會受到父母影響，並且繼承他們的某些價值觀。就連那些我們曾經認為是討厭的、負面的元素，也會在不知不覺中，重現在我們身上。

05 我媽媽對每個女生的所作所為都看不順眼

清田：那和子跟媽媽的相處狀況又是如何？記得曾經聽妳提過幾次，印象中妳媽媽似乎是個很難搞的人……。

和子：我跟我媽完全無法相處。根據我的觀察，從我小時候到現在，我媽曾經經歷過幾個不同階段的型態變化，現在應該是屬於第三型態。

森田：型態變化是什麼意思？

和子：我爸媽都是高中老師，我媽在白天上課的普通高中任職，而我爸則是在設有夜校的綜合高中夜間部任職。所以白天都是我爸在家，他也負擔了大部分的家事。雖然我媽幾乎不用做家事，但她卻經常對我爸發脾氣，老是抱怨著：「搞什麼啊！這衣服怎麼晾成這樣？」、「這菜怎麼會煮得這麼難吃……。」這段期間是我媽的第一型態。

森田：這也太恐怖。

和子：隨著她個人意見越來越強烈、越來越偏激，就出現了暴怒的第二型態。到現在六十幾歲，則演變成繭居在家、不願外出的第三型態。但不論她處於哪個時期、哪種型態，共同點就是我媽會隨時隨地發表一些尖酸刻薄的看法或言論。

例如：「為了參加鋼琴發表會幫小孩買禮服的爸媽，都是膚淺的次等人」、「在二十歲成年禮中穿著租來的和服，還特地圍上皮草大衣，都是裝模作樣、腦子有洞的傢伙」、「會養小型狗的女人，肯定是無腦的蠢蛋」，甚至她還會怒斥「只有笨蛋才會跑去談戀愛」。

總而言之，她似乎仇視大部分的女性，對每個女生的所作所為都看不順眼，所以什麼事都要亂罵一通才開心。

清田：妳媽怎麼會這麼討厭女生？厭惡到這種程度，已經是酸民等級了。

和子：某種程度上，要這樣講也通啦！但她不只是酸民，還是個完全的素食主義者。我媽從身心逐漸崩壞的第二型態開始，因為只吃豆類與蔬菜，所以變得超瘦。由於我跟她中間有相隔五年多沒見面，前陣子再看到她時，她幾乎已經瘦得像是一根枯木。話說，我淨聊這些自己的家務事，大家會有興趣嗎？

森田：原生家庭的每一件事都是大事，我非常感興趣。

06 根本不想跟家人有任何往來

和子：其實關於我家裡的這些事情，我一直到最近，才開始能坦然的說出來與大家分享。以前國、高中的時候，家裡的一切都讓我覺得超丟臉，我連提都不想提。尤其每次學校要求家長要到學校參加座談，就是我最痛苦的時候，因為我一點都不想承認自己跟這個奇怪的家、跟家裡這些奇怪的人有任何的關聯。

森田：那妳現在又是用什麼樣的心情，在跟我們討論這些事呢？是覺得自己未來的人生，已經跟他們完全無關了嗎？

和子：我是覺得自己現在已經獨立在外，跟爸媽之間沒有什麼瓜葛了。但如果未來結婚時，對方想要拜訪我家爸媽，我似乎能預見我的結婚對象在見過我父母之後，會對婚事產生疑慮，說不定婚事也就此告吹，這似乎不是什麼難以想像的事。

森田：會這樣嗎？這的確是個很讓人苦惱的問題。

和子：所以我常想，我恐怕沒有辦法跟家庭關係很緊密的男性結婚。因為有時候聽到朋友提起他們家人相處的狀況，我都會有一種生活在平行時空的感覺：「原來一般家庭的相處模式，都是這麼和諧溫暖？」

清田：我是覺得不用特別拜訪妳爸媽，就直接結婚也無不可，只要妳的結婚對象或他的家人能理解就好。而且妳也可以適時讓他們知道你爸媽的實際狀況，雖然這條路或許有點困難。

森田：確實是很困難啊！如果結婚對象不是那種跟父母或家裡已經斷絕往來的男性，一般人應該也很難理解吧？

和子：我也這麼覺得。如果不是家裡面也有些狀況，應該很難理解我家為什麼這麼奇怪。就像去年底，我媽的父親也就是我外公過世了，在喪禮期間，我媽竟然中途就離席回家，這對一般人而言，應該是很不可思議的事吧？

森田：在自己爸爸的喪禮中竟然先離席了？

和子：沒錯，在場的所有親戚都傻眼了。一直到儀式最後，有親戚跑來對我說「和子還真是可靠」時，我忍不住激動的說了氣話：「她不是我媽！我跟他們一點關係都沒有，我是一個人獨自生活在這世上的。」

當下我打從心裡對這個家感到萬分絕望，我真的很討厭這個家！如果我媽連跟自己的家人或親戚都沒辦法好好相處，怎麼可能會跟女兒的結婚對象處得來。

07 即使原生家庭讓我很受傷，還是要結婚

清田：最近常聽到和子在嚷嚷說想要談戀愛，但是妳對婚姻還會有憧憬嗎？

和子：當然還有！我平均每五十秒就會出現一次「想要結婚」的念頭。雖然我還搞不清楚自己為什麼會這麼想結婚，但很有可能是因為不想讓自己被困在原生家庭的詛咒中，不想自己因為有這樣的父母、這樣的家庭，以至於無法結婚、無法獲得幸福。

清田：原來是這樣。

和子：雖然剛剛說能接受我這種家庭狀況的對象，應該都跟我一樣是與原生家庭已經斷絕關係的人，但老實說，就算有這樣的男性，他對於結婚是不是跟我一樣仍有憧憬，我也是充滿了疑惑。

例如我有一個女生朋友，她男友的原生家庭就跟我家很像，他跟他媽幾乎也算是斷絕關係了。但因為原生家庭的狀況，促使他沒有結婚的欲望，也不想要有小孩。

森田：一般人對家庭的概念，多半來自於自己的原生家庭，只是有些人想延續、有些人則是想跳脫。從剛剛和子分享的內容分析起來，和子應該屬於想要跳脫的那一

種，想擺脫原生家庭的束縛，重新建立自己的家庭樣貌。

清田：例如和子剛剛說的那個男生，應該是害怕自己會延續複製原生家庭的狀況，用跟父母同樣的方式來對待小孩或另一半，所以才抵死不想結婚。很多人都有這樣的想法，和子會嗎？

和子：我是覺得不會啦！畢竟我一點都不想成為像我媽那樣的人，絕對、絕對不要。而且我也從來都不覺得，我有什麼地方跟我媽很像。

清田：和子跟媽媽完全不像。和子是個十分貼心、也懂得拿捏適當距離的人，所以完全不用擔心。倒是我得特別提醒自己，以後萬一有了小孩，千萬不要過度干預自己孩子的生活，變成直升機爸爸。

畢竟我有控制狂的壞習慣，老是說自己是為對方好，就自顧自的踩對方底限，把自己的期待強加諸在對方身上。

森田：雖然清田說的不是沒有可能，但育兒這件事，並不是父親單方面就能決定的，萬一清田的控制欲又大爆發，你老婆恐怕會是第一個跳出來阻止你的人。

畢竟夫妻來自於不同的原生家庭，當兩個人要把不同的習慣、觀念與想法，融合成一個新的家庭時，溝通、摩擦、甚至爭論肯定都少不了，有許多夫妻的感情就是在這件事情上產生裂痕。

清田：好像是這樣耶。如果哪天我不小心又開啟了控制狂的開關，開始過度干涉誰、或對誰不爽抱怨時，還請兩位不用客氣的直接指正我。

森田：剛剛說夫妻間要建立良好家庭關係的關鍵，在於兩個不同的原生家庭如何磨合。但磨合這種事，對某些人來說，還是太過理想化了。

和子：沒錯，像我爸媽那種飛鴿傳書型的夫妻，看起來就是沒有要磨合的樣子。但無論如何我都好想要結婚啊，如果有能夠接納難搞家人的男性，請快點出現！總之，我會繼續打開交友 App 來尋覓的。

第十一章

戀愛的最大學問：道歉

在本書最後，我們特別選擇以道歉作為主題。畢竟在戀愛中發生摩擦或產生爭執等總是難免，如何避免「無效的道歉」或「失敗的道歉」，是戀愛中的一門大學問。選擇用什麼樣的方式來道歉與重修舊好，將影響到兩人未來的相處關係。

本章內容參考了《不失敗的道歉方法》一書，並以書中的理論為基礎，解析戀愛中與道歉有關的各種案例。

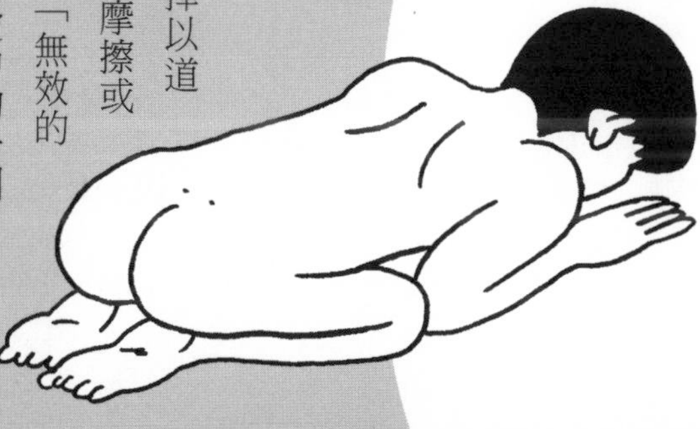

清田：我曾聽一些女性朋友們向我抱怨，有關她們的另一半向她們道歉時，越道歉越讓人生氣的情況。例如，「我男友是會向我道歉的人，但他道歉的說法，卻總是讓人無法接受」，或是「他每次不管發生什麼事，都一副想要急著息事寧人的隨便道歉，真的讓人很討厭」。

和子：我懂我懂，就是那種嘴裡說著抱歉，但態度卻沒有一絲一毫歉意，這超讓人討厭的。另外還有一種狀況，我剛好最近聽到朋友提起，就是她家老公打死都不道歉，這也超讓人生氣！

清田：道個歉有這麼困難嗎？這些打死都不道歉的男人到底在想什麼？本章所要討論的戀愛中的道歉，就是要分析這些道歉與不道歉的行為，畢竟這是戀愛中很複雜也很重要的一環。

森田：我有位女生朋友，就曾分享過一個案例，在這件事裡雖然男友已經向她道過歉，但不知道為什麼，她心裡還是耿耿於懷，這發生在她生日當天晚上……。

和子：天呀，這應該是一整年當中，最不想要被別人道歉的日子吧。

森田：由於她生日的當天是平日，所以男友就跟她說定了下班後要一起吃飯慶生，她們原本約好直接在餐廳碰面，但她男友竟然遲到超過整整一個小時。

清田：在自己生日當晚，一個人孤零零坐在餐廳裡，光用想的就覺很淒涼。

森田：這位遲到超久的男性在抵達餐廳後，開口的第一句話就是開始解釋：「剛剛那個會議Delay得超誇張，我一時又沒辦法從會議中脫身……。」然後才說了聲「真的對不起啦」，緊接著又是一長串的抱怨，說那個會議有多無聊、主管有多機車。

男生不斷向女方解釋會議的過程，卻完全沒有注意到女方的反應，女生聽著這些無聊的內容，不禁覺得與剛剛那個苦守在餐廳的自己相比，現在的自己更是淒涼。

清田：沒錯，比起生氣或憤怒的情緒，這種讓人心死的淒涼感，更是寂寞。

森田：畢竟在這種情況下，她也不好苛責對方，只能回答：「是這樣啊，那也沒辦法，沒關係啦！」但自己心裡卻一點都無法釋然，情緒也變得很煩躁。

像這個案例就是失敗的道歉。雖然男生已經說了「真的對不起啦」，但完全無法平撫女友心中的不滿。

和子：問題應該出在道歉跟解釋的比例太過懸殊吧！畢竟男生說了一大堆的理由與藉口，卻只有一句「對不起啦」，而且道歉應該在一開始的時候，先用對不起來開頭，聽起來也比較有誠意一點。

清田：確實是這樣，如果不能掌握好道歉與解釋的比例，只會讓人覺得是在找藉口。但我也要說，我不是在幫她男友講話，如果站在這個男生的立場，想像一下他的處境，這男生應該也很不好受吧！

在無聊的冗長會議中，一邊擔心已經超過約定的時間、一邊主管又在嘮叨，心裡急得像熱鍋上的螞蟻卻什麼都不能做，只能等到會議好不容易結束，再立刻飛奔到約好的餐廳，這過程會有多煎熬。

和子：當然，這左右為難的感受，我們是也都能體會啦。

清田：所以我們也不能直接斷言說，這件事情的責任百分之百都在男方身上，但讓女生等了這麼久，也是無法改變的事實。我們只能從這個失敗的道歉案例中，深深感受到「道歉」真是一門深奧的學問。

01 為啥我都道歉了他還是不爽？

森田：社會心理學家大渕憲一，曾經寫過一本書叫《不失敗的道歉方法》（CCC Media House 出版）。書中詳細解釋了道歉這個行為，包括了哪些階段、會有什麼樣的反應、會產生什麼結果等。

由於我們在本章的各個案例中，都會用這本書來進行討論與分析，所以我在這裡先簡單介紹一下本書的內容。首先請大家先看下一頁的圖表，當我們因為某件事情跟別人產生了摩擦或不開心，我們會有幾種反應，來試圖向對方解釋或說明。反應的模式大概可分為四種，其中一個就是道歉。

清田：我也是看了本書才知道，原來要老老實實的道歉，得先經過這麼多層的心理判斷。

森田：圖表最上方說的負面事件，就是指「發生了一件讓對方不開心的事情」，例如自己犯了錯誤、違反某個約定、造成別人困擾，甚至對別人造成傷害等，以剛剛的案例來說，明明約好了時間，卻嚴重遲到就是一種負面事件。

清田：如果這個男生一開口就說「我又沒遲到」，等於直接否認有此負面事件，

面對錯誤時的四種反應與模式

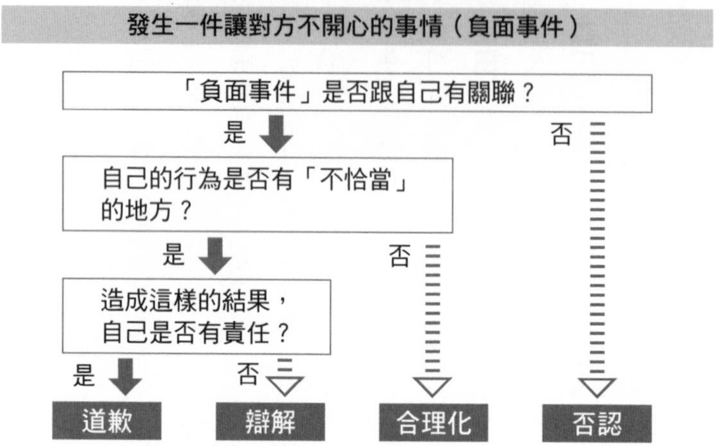

參考《不失敗的道歉方法》書中第 34 頁所繪製的圖表。

這就是四種反應類型中的否認反應。

和子：能這樣睜眼說瞎話，也算滿酷的。

森田：但在這個案例中，這位男生已經承認了自己跟嚴重遲到的負面事件有直接相關。所以接下來，就會到下一層判斷標準「自己的行為是否有『不恰當』的地方。」

和子：如果他在這個階段不認為自己有錯，就可能會不知反省的說出：「多虧我晚點到，妳才有時間好好看書不是嗎？」

森田：沒錯，這種反應就是合理化自己的行為。但是在剛剛的故事中，這個男生已經承認了「遲到的行為並不恰當」，所以他也不打算要合理化自己的行為。

接著就會到第三個層次的判斷造成這樣的結果，自己是否有責任？如果他自認為問題不是出在自己身上，就會進入第三種反應類型辯解。

就像剛剛他認為遲到的責任並不全在自己身上，是因為會議超時、是因為主管嘮叨等，並拿這些來當成理由與藉口。

清田：哪怕這個男生有說「真的對不起啦」，好像已經道過歉了。但並不是真的有歉意，而只是為了辯解。

森田：就是這樣沒錯。因為我們從剛剛的圖表中，可以看見「真正的道歉」，要先承認自己對這個錯誤有責任。所以當辯解與道歉同時出現時，在這個論點中，就形成了奇怪的矛盾狀態。

和子：但是這種行為在現實生活中經常發生啊！

森田：對啊，這比較像是：我承認自己確實有某部分的責任，我也為了這個部分的責任道歉了。所以這種說法，會讓被道歉的人有一種對方想撇清責任的感覺。

以剛剛這個案例來說，男方雖然親口說出「真的對不起啦」，但感覺上只是迫於情勢的不得不道歉。這樣的道歉聽在女方耳裡，就像是「遲到這麼久又不是我的問題」，所以被道歉的一方才會感覺不到誠意，演變成彼此認知不同，只有女方一個人在生悶氣。

和子：原來一個簡單的道歉事件，竟然包括了這麼多不同層次的想法。

02 打死不道歉跟先道歉再說，都讓人火大

和子：我有個女生朋友，她老公是屬於那種「打死都不道歉」的人，只有在極少數的情況下，才願意表現出一點點的歉意，但也是那種非常間接、隱晦的方式，例如：「關於那件事，我可能也有一點點的問題……。」

森田：道歉的有夠不乾不脆。

和子：不僅避重就輕的用「那件事」來開頭，又用了「可能」這種不想承認的含糊字眼，完全讓人感受不到他的歉意，不說還好、越說反而越讓人火大。我這位女性朋友對於自己老公無法直接、坦率道歉的反應，感到十分不解。

清田：應該是她老公有無法道歉的理由？

和子：就是大男人主義啊，還能有什麼理由！

森田：果然是自尊心作祟。

清田：在戀愛中，打死都不道歉的狀況確實很常耳聞。但還有另一種完全相反的類型，就是「對方一生氣，就馬上道歉」或者「氣氛稍有不對勁，就先道歉再說」，有這種反應的男生也很多。

和子：感覺就像是客服人員在處理顧客投訴的方式，不管發生什麼狀況，總之先讓場面緩和下來再說。

清田：這種流於形式的道歉，會讓人覺得道歉的一方完全沒有經過思考，不僅沒有認真搞清楚來龍去脈，也沒有認真反省自己在這件事情裡應該承擔的責任。

森田：用剛剛那個圖表的論點來說，這種像在處理客訴的道歉方式，問題就出在「他不認為自己跟這個負面事件有關」，所以直接忽略掉負面事件的細節，全部都選擇用道歉的SOP來處理。哪怕是一般人聽到這種道歉方式，應該也是無感。

清田：之前在Niconico的直播節目中，就有觀眾留言說：「我男友是那種不管三七二十一，凡事都先道歉再說的人，搞得我好像是個無理取鬧的超級大奧客一樣，真讓我很不爽。」

和子：就是那種「對對對，都是我的錯，可以了吧？」的傢伙，我也有跟這種人交往過的經驗，那種反應方式真的讓人很火大。

清田：表面上看起來是在道歉，但內心所表現出來的是：「老子是成熟的大人，這種小事就不跟你計較了！」

森田：自以為是成熟大人的優越感？

和子：以前我曾經參加過公司開設的教育訓練課程，課程中就有教過「要如何在電話裡與客訴魔人應對」，其中有一招，就是要不帶有任何歉意的說出「非常感謝您提供我們寶貴建議」，這種感覺就有點像是那種先道歉再說的人。

森田：完全沒有顧慮到對方認真想解決問題的心情，這其實就是無效的道歉。畢竟你有沒有真誠的表達歉意，對方其實一聽就會知道，如果不是真心誠意的道歉，發生弄巧成拙的狀況也很多。

尤其道歉的目的，本來就是為了要減少負面事件對另一方的影響，當對方感覺受傷時，真誠的道歉可以療癒對方受傷的心情。

和子：道歉還可以療癒人心？

森田：乍聽之下好像有點奇怪。但是根據《不失敗的道歉方法》書裡面所說：當人在感覺受傷時，對自己的評價與感受會變得很低落，而真誠的道歉就是道歉者把自己的身段放得比被道歉者更低，藉以恢復被道歉者的低落感。

舉個極端的例子，像是日本傳統的「土下座」（按：日本傳統禮儀，指直接跪在地上，並平伏在地的動作，向對方無比尊崇的地位表謙讓之意，或向對方表深切歉意）道歉，就是透過五體投地的道歉方式，把對自己的生殺大權完全交給被道歉的人。

清田：雖然做法是誇張了點，但是道歉者的死活全憑被道歉者來定奪，這確實能讓人感覺到自己是握有權力的。

森田：當自己握有原諒與否的決定權，這種實質權力地位的提升，就能彌補先前所受到的傷害、或用以彌補受傷的心情。

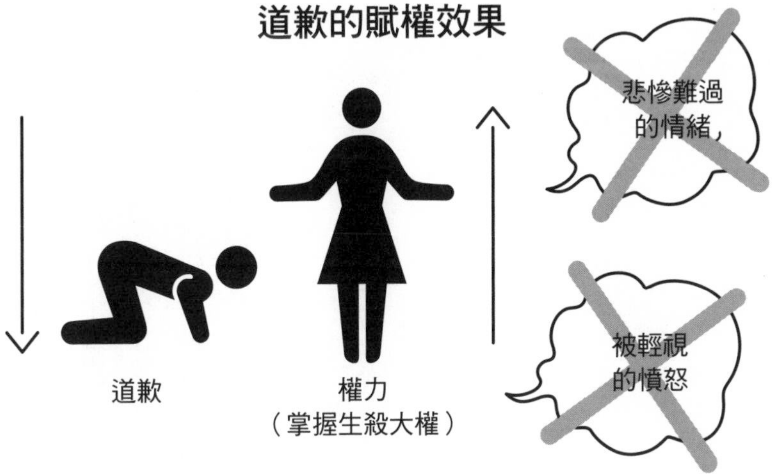

在《不失敗的道歉方法》一書中，把這個過程稱之為「道歉的賦權效果」，就像上圖所呈現的內容。

和子：那剛剛「對對對，都是我的錯，可以了吧」，這種像在處理客訴的道歉方式，完全沒有降低自己的身段，只是用例行公事般的態度說抱歉，當然不會讓被道歉者感到受傷的心情有被修補了。

森田：不僅沒有放低身段，還用更高的姿態，想表現出自以為的成熟大人優越感。

和子：所以無論是打死不肯道歉的大男人老公，或是擺出高姿態，自以為成熟卻貶低對方的男友，這些都不是能誠懇道歉的人。畢竟對他們來說，老婆或女友的受傷情緒，遠比不上自己的尊嚴與地位，這還真是讓人遺憾。

清田：但是說起來也挺不可思議的，對方道歉時有沒有誠意、是真心還是做做樣子，其實我們是有感覺的。換句話說，我們通常可以敏銳察覺到對方內心是不是真的懷有歉意。

森田：確實如此。不論對方說了什麼，我們都可以透過對方的眼神、表情或肢體動作，感覺到對方是不是有誠意、真心想面對這個問題。

和子：這麼說起來，道歉是個相當細膩的過程。要透過道歉，獲得對方的原諒，並不是一件容易的事情。

03 我有個超會道歉的男友

森田：幸好有《不失敗的道歉方法》這本書，讓我學會道歉的祕訣，甚至還因為道歉得很有效果，而被老婆稱讚說「森田還真是道歉達人」。

和子：有些人會說：「最好的道歉，就是不要做到『需要道歉』的那一步。」但是你老婆說你是道歉達人，這是什麼意思？

森田：根據我老婆的說法，她說我很懂得察言觀色，知道她正在為了什麼事情而生氣，我也對她憤怒的情緒感同身受，從她的角度來思考，要怎麼做才能避免日後再犯，或表現出努力尋找解決或改善方案的樣子。所以她總是能接受我的道歉。

清田：聽起來，的確是個很完美的道歉流程。

森田：不過我老婆也說過：「你道歉的技巧實在太高明，高明到我有種被你算計的感覺。」

就好像是套用了熱門教科書《出口老師最有系統的現代文範本》（按：日本東進衛星補習班的知名講師出口汪，所編寫的超人氣考試用現代文參考書）一樣，你的道歉方式根本可以拿來當成道歉範例使用，手法這麼純熟又毫無破綻，實在很難不讓人產生戒心。

和子：竟然會對此產生戒心？

清田：這還真是出乎意料的結果。

森田：有可能是因為我表現得太過沉著冷靜，所以反而讓她覺得這一切，都像是經過算計後所得出的結論。

和子：這是因為森田太過理智又太有邏輯了吧？你老婆大概是希望你可以表現出比較有情感溫度的一面。

清田：在自己生氣憤怒的時候，卻被對方用像是《出口老師最有系統的現代文範本》的招式來分析對付，其實也滿讓人討厭的。

森田：從理論上來說，正確的道歉方式應該是：在激烈的情緒戰場中，解讀對方的感受，並以客觀的角度檢視自己究竟是哪邊做錯了，接著再低頭誠懇的向對方道歉認錯。

但實際上如果真的這麼做，可能會因為表現得太過理性冷靜，反而讓對方覺得這些行為都是經過算計的，並不是真心誠意在道歉，還可能因此而不開心……道歉真是個大難題！

和子：要做到面面俱到也太難了，顧此而失彼，有效的道歉難度還真高。

04 真情流露而被原諒的男子

清田：其實我跟森田一樣，在道歉時通常都是走理性分析派的路線。但我曾經有過一次「以非理性的激動方式，向女友道歉的經驗」，而且最後還因為我情緒崩潰而順利挽回女友，沒有因此走向分手的結局。

和子：這也太讓人意外了！清田竟然有情緒崩潰的時候。

清田：這個故事有點複雜，請容我先說明一下故事發生的背景。當時我跟女友B交往中，但是在此之前，我跟前女友A共同開設了一個只有我們兩個人可以看到內容的封閉式部落格，所以有時我們會把一些想法或感想，寫在部落格的留言板上，就好像是現在的 LINE 一樣。

和子：跟前女友一起寫封閉式的部落格，這一聽就很不OK。

清田：因為我跟前女友A都在同一家公司上班，分手後也會每天見面，所以那個部落格也沒有特別關閉，就這樣繼續維持著。

森田：分手後還能跟前女友繼續當朋友，這點清田確實很擅長。

清田：這個前女友A，之前也曾經上過我們廣播節目幾次。直到現在，我們都還是維持著可以一起喝茶聊天的朋友關係。好啦，回到正題。某一天，這個部落格被女友B發現了。

和子：怎麼被發現的？

清田：就是有一天，女友B獨自一個人待在我家，她用我的電腦查資料時，偶然間從我瀏覽器的書籤頁中，發現那個部落格的連結。

和子：是不是那個書籤欄位有散發出什麼不尋常的氣息？

清田：可能因為那個書籤的設計全部都是黃色的，所以看起來跟其他書籤的樣式有點不一樣。

總之在女友B發現時，因為我人在外面，所以無法即時解釋處理，而女友B竟然就把這個部落格視為出軌的證據，然後留下一封信寫著：「我已經看過你跟前女友一起開設的那個部落格，這讓我大受打擊，我沒有信心能跟你一起繼續走下去了。」

森田：竟然氣到直接提分手。

清田：我回家看到那封信之後，嚇到心臟都差點停止了。雖然那個部落格的內容，只是一些最近思考的事情，但我心裡還是難免會碎唸個幾句：「這算哪門子出軌證據啊？」、「搞什麼，隨便開別人的書籤頁來看，又不聽人解釋？」我完全無法接受因為這樣而被提分手。

和子：裡面難道沒有「啾咪啾咪」的內容嗎？

清田：完全沒有，都是一些對公司的不滿、對工作前景的不安，或是一些人際關係的煩惱，以及未來有什麼打算等。總之，就是一個二十多歲年輕人會有的胡思亂想與碎唸罷了。

和子：聽你說起來，確實沒有哪種伺機而動想跟對方再有其他關係的嫌疑。

清田：我看完女友B留下的信件之後，立刻打電話給她，努力的向她解釋：「對不起，但真的不是妳所想像的那樣，妳真的誤會了。」

我當時一心認為，只要解開這個誤會，就能讓女友釋懷，所以我不停的解釋：「這個部落格，就真的像是傳紙條的平臺而已，根本沒什麼。」但沒想到她也回答我說：「我知道啊！這就是你們的留言版而已……。」

森田：感覺她生氣的點應該沒有這麼單純。

清田：沒錯，她後來說並不是懷疑我跟對方有什麼不正常的肉體關係，而是指「你們雖然分手了，但是變成靈魂伴侶」，這對她來講是「精神出軌」。

和子：連靈魂都不放過。

森田：畢竟我也同時認識A小姐與B小姐，所以我相當能體會這種心情。尤其當清田在跟B小姐交往時，B小姐其實很介意有關A小姐的一切，再加上A小姐不只是清田的前女友，還是同一間公司的同事，所以B小姐常常會擔心「清田該不會把一些自己的心事或祕密，都只跟A小姐說吧」，並因此感到強烈的寂寞與不安。

清田：不知道的人可能會這樣覺得。但是女友B明明就知道我從高中開始暗戀她，我對她的心意無可懷疑啊！

和子：所以你現在是要特別強調「你在心靈層面上也很在意她」的意思？

清田：再說回去當時吵架的狀況，女友B不停的說「我們分手吧」、「我真的沒辦法」、「真的走不下去了」，她堅決的態度也讓我陷入恐慌之中，最後我竟然整個情緒崩潰的痛哭了起來。

和子：什麼？你竟然放聲大哭？

清田：而且我這一哭就停不下來，女友B被我的反應嚇呆了，變成她開始向我道歉直說對不起，這個情節發展完全出乎我的預料。

事後再回想起這件事，猜想可能是因為我出現了「痛哭」這個意料之外的反應，所以才改變了雙方的情勢。

森田：就連我也無法想像，清田竟然會在別人面前大哭。

清田：說起來，部落格這件事也算是我的錯，但我大哭並不是為了要道歉，單純只是因為不想跟對方分手，所以藉由痛哭來傳達出「我不想分手」的強烈情緒。

而這種反應，因此讓女友B掌握到原諒與否的權力，進而消弭了不開心的情緒。但老實說，這結果完全不在我的預料之中。

森田：你當時的姿態應該是低到不行。

清田：原本的態度是「讓妳感到傷心，我真的很抱歉，但那不是劈腿」、「偷看別人的東西，妳也有問題吧」，等到後面我忽然爆哭起來，整個態度上的落差非常大。不過也因此能免於分手繼續在一起。

森田：因為清田無助的痛哭，讓女友B感覺到自己的地位提升，進而確認了自己在清田心中確實是第一位，因此有了繼續走下去的「信心」。畢竟B小姐之前經常會懷疑「清田是『真心』喜歡我嗎」，帶著這樣的不安，對這段感情很難有自信吧！

和子：所以部落格事件，其實是這些累積已久的不安，終於找到宣洩的出口。

清田：我當時確實沒有想到自己會因此在她面前痛哭，但如果沒有這麼情緒化的強烈反應，應該很難將自己真正的心情傳達給對方吧！

例如我當時非常理性冷靜的用「出口式道歉法」說：「原來這樣會讓妳感到不安，還真是對不起！」這種說法最後的結果應該也是破局收場。

森田：在這種場合確實不能用出口式的道歉法，否則下場會十分悽慘。反而這種情緒崩潰的反應，效果會比較好。

清田：不過那也是我目前為止，人生中唯一一次經歷過的情緒崩潰。

05 不是哭出來就能獲得原諒

和子：聽完清田痛哭的事件後，我發現眼淚確實是能博取原諒的最佳武器。我也曾經聽一位女生朋友分享說因為男友在她面前落淚，所以她選擇原諒對方的故事。

清田：這故事是怎麼發生的？

和子：我這位女生朋友跟她男友一起同居，沒想到她的男友竟然背著她上交友網站，還跟其他女生搞曖昧。我朋友在發現之後當場質問這個男生，沒想到男方竟然露出貓咪眼神，用裝無辜的語氣道歉說：「原諒我啦～」

清田：這種道歉方式也太輕佻了！

和子：看到這種態度，女方當然沒有辦法原諒他，氣得想要立刻搬出去住，於是開始整理行李。在收拾行李的過程中，她男友竟然流著眼淚說：「這都是我的錯。」雖然男生哭泣的表情有點裝模作樣、也有點可疑，但她還是心軟的選擇原諒對方。直到兩個月後，不出她所料的抓到了她男友劈腿的證據，她才終於下定決心要離開對方。

清田：還真是個眼淚能收放自如的演技派。

森田：這應該是已經算好了，只要「哭著道歉」就能被原諒。

和子：這個故事還有後續。在他們分手幾個月後，這位劈腿男的媽媽竟然還傳簡訊給女方，簡訊上說：「我兒子已經深切反省過了，希望妳能原諒他。」

清田：找媽媽來當道歉的代理人？這做法也太另類。

和子：我朋友一時也驚呆了，竟然還有這種需要爸媽出馬幫忙道歉的成年男性。

森田：恐怕是這個男生覺得「只要媽媽出手幫忙道歉」，就一定能獲得原諒吧！

06 劈腿男就算全裸下跪也不會被原諒

和子：分享完這個劈腿男的道歉事件後，就想到我自己也有一個類似的經驗。當時跟我同居的男友也劈腿了，不過現在回想起來，我應該要反省一下當時處理這件事情的方式。

清田：為什麼是妳要反省？

和子：因為我不應該選擇用「那種方式」讓他贖罪。這說來話長，事情是這樣發生的：我當時的男友跟一位已婚女性發生了婚外情，某天他跟對方開完房間回到家後，就立刻躲進浴室洗澡，因為我有確實掌握到他們偷情的證據，所以我抓準時機，在他洗完澡正要擦乾身體時，質問他說：「你剛跟外面的女人開完房間對吧？」

清田：渣男們在外面亂搞之後，確實會有一到家就先洗澡的習慣。

和子：接著，他竟然直接就光著身體、連老二都沒遮，就用土下座式的姿勢趴跪在地上向我道歉。

森田：這畫面也太驚人了！

和子：雖然他的動作是道歉，但從剛剛說的那四種反應來看，就能發現他雖然做出土下座道歉的動作，但嘴裡都是在自我辯解。

森田：都到這種地步了，他還能怎麼辯解？

和子：他竟然狡辯說「都是她勾引我的，我從來沒有主動約過她」，極力擺出被害者的姿態，還堅稱「跟她上床不是我個人的意願，是下半身老二不受控的關係」，想要為自己脫罪。

森田：把自己跟老二劃清界線的老二理論也太妙。

和子：反正他從那句狡辯的話開始，整個對話的邏輯都變得很奇怪，例如他會理直氣壯的說：「我也正想要跟那個女的切斷所有關係啊」、「今天被妳發現了，剛好讓我鬆一口氣」等鬼話。

清田：這是什麼跟什麼啊？

和子：我覺得他是想要表現出「雖然今天被妳發現我劈腿，但是不管妳有沒有發現，其實我都剛好正想結束這段不倫關係」，這完全符合前面提到的辯解反應。

森田：傻眼，完全搞不懂。這個邏輯也跳太快。

和子：總而言之，他光著屁股在我面前用土下座的姿勢道歉。

清田：那妳有感受到自己的權力提升了嗎？

和子：由於他光著屁股土下座，這個姿勢實在是太丟臉了，想到前一刻他的老二還在其他女人面前耀武揚威，這一刻卻垂頭喪氣的趴在地上，一瞬間我確實有感覺到自己的地位高高在上。

但是一聽到他說「都是老二不受控的關係」、「他今天也剛好想要結束這段不倫」，就讓我不禁怒從中來，說什麼也不可能會原諒他。

森田：這種時候如果坦率的道歉，或許還有挽回的機會，但他卻淨說一些荒謬的辯解。

清田：會說出「都是別人引誘我」、「不是我主動的」這種狡辯理由，反而會更讓人無法原諒。因為把自己塑造成是受害者，就是想要獲得道德的相對制高點，並不是在坦承自己的錯誤。

森田：沒錯！聽起來就像是「女生自己找上門」，我只是管不住老二的無辜受害者罷了。

和子：根本就是在炫耀自己的老二廣受歡迎吧！

清田：男生會說出這種老二理論，除了想要逃避責任、否認自己的錯誤，多少也想要藉此挽回因為「光著屁股土下座」所喪失的男性自尊。

和子：原來是有這樣的意思啊！但我當時沒有想到這種可能，就算有想到，也只會更生氣而已。

森田：總之，這真的太另類了！這個男生的老二理論，也算是劈腿男之中的一個經典樣貌。

07 送名牌包贖罪，有用嗎？

和子：其實說到這邊，都還只是前情提要而已，我剛剛說要「反省」的部分還在後面。

清田：對耶！妳剛剛開頭的時候，有說自己對於這件事情的處理方式，很有檢討的空間，那是？

和子：就在發生這件事情的不久後，有一次我跟朋友們聚餐時，跟大家分享了這件事，結果大家都紛紛建議說：「當然要叫他好好補償妳啊！」、「叫他拿出誠意來道歉啊！」接著又討論到怎麼道歉才算是有誠意、要男方怎麼做才能讓自己氣消，最後得出來的結論竟然是「向對方討個超貴的名牌包」，而聽完之後我也覺得「沒錯，就是應該要這樣做才對」。

森田：要索取精神損失的撫慰金啊！

和子：因為對方的道歉完全沒有說服我，所以我也想說，或許能向對方要個名牌包來轉換心情、開心一點。實際結果卻是名牌包到手了，但心情一點也沒有好轉。

清田：所以妳想檢討的，是指「買包」這件事啊！

和子：對啊，因為這麼一來，要對方道歉的心情就走歪了，變成「如何讓男友買個高價品補償我」。但這個問題的癥結，應該是在於讓對方找出一個能讓我接受的道歉方式才對吧？

森田：也就是說，因為妳向對方索討了高價的名牌包，反而讓對方誤以為劈腿的行為都可以用金錢來補償。

和子：沒錯！明明我心裡的疙瘩都還在，但是買完名牌包，反而讓對方以為他已經完成道歉刑罰，事情也畫下句點了。

清田：對他來說，這件事至此已經一筆勾銷。

森田：說不定還會變成可怕的慣例。讓對方誤以為下次再出軌「就先土下座道歉，再買個名牌包補償她，就會獲得原諒了」。

和子：所以實際上，那個男友後來又出軌了。

森田：真是狗改不了吃屎，會劈腿的人就是改不了這毛病。

清田：雖然和子剛剛說，對這個事件的反省是：「比起名牌包，應該要想辦法讓對方好好道歉。」但和子妳真正想要的是什麼呢？是對方承諾從此不再出軌還是想知道對方出軌的原因？

和子：我到底想要什麼，好像也很難用三言兩語來表達清楚。

森田：難道是想要對方像清田一樣，在妳面前表現出真實情緒痛哭道歉嗎？

就算男友光著屁股土下座，並且送上名牌包來賠罪，和子還是無法接受。

和子：如果他因此哭了出來，我可能會被嚇到。但至於能不能原諒他，這我就不確定了。

森田：雖然我們現在說道歉就是要讓被道歉的人感覺到被傷害的低落感已經消失，但是要做到什麼程度才夠，還是要看最後的結果才知道。

很可能在對方做了某個行為之後，我們才會覺得「好吧，你都做到這種程度了，就算了吧」。

和子：確實如此。最讓自己受傷的，就是對方沒有誠心誠意的好好道歉，而在這種狀態下，自己的心情也難以平復。

08 道歉也是一種正面溝通

和子：聊了這麼多跟道歉有關的話題之後，才發現這些案例中都有深刻的情緒。

清田：沒錯，跟大家分享完我的痛哭事件後，我也感覺到自己的心靈被洗滌了！

森田：以清田的痛哭事件來說，道歉可以用來修補關係，也可以讓兩個人的關係變得更和諧。畢竟不論是道歉或是被道歉，都代表著兩個人有想要一起繼續走下去的共識。

清田：有可能喔，雖然吵架或起衝突，在本質上都算是負面事件，但只要兩個人都有想要修補關係的心情，就能變成是正面的溝通。

森田：兩個人如果完全沒有心要一起走下去，那也沒什麼爭吵或道歉的必要吧！

和子：就像我爸媽一樣。他們兩個人只會用飛鴿傳書的形式，透過我來傳遞訊息，所以根本吵不起來，也不可能出現什麼道歉的場面。

森田：沒錯，他們如果不認同彼此，那道歉起來也沒什麼意義。而且被不認同的人道歉，自己其實是很無感的，心情並不會因此好轉。

清田：就像前面所說的「道歉的賦權效果」，那些自己原本就不認同也不尊敬的人，本來在我們心目中的地位就處於下方，就算對方放下姿態，壓低身段到更低的位置，想藉此讓我們感受到權力上升，多半也是徒勞無功。換句話說，如果無法認同彼此，道歉便會失去實質的效果。

和子：這麼說起來，我前男友雖然光著屁股土下座來向我道歉，但我的心情並沒有因此好轉，這或許是因為我打從心裡就不認同他這個人。

森田：道歉還真是個深奧的大學問。

清田：當然，戀愛中還有許多主題，是我們還沒發覺到的喔！

結語一
讓人怦然心動的戀愛神祕魔法

桃山商事代表／清田隆之

說到跟戀愛有關的話題，一般人多半都會直覺想到茶餘飯後的八卦閒聊，例如「誰跟誰最近走得很近」、「跟另一半的相處好像有點瓶頸」，或是「因為男朋友劈腿，所以分手了」之類的種種情節。

這些戀愛中的私密心事，對於旁觀的第三者來說，或許只是雞毛蒜皮的瑣碎小事；但是對身在其中的當事人，每一個話題都是讓人焦慮苦惱的天大的事。

一般來說，女孩們對於談論「戀愛的話題」比較容易樂在其中，所以當我跟森田兩個男生，在大學時第一次以社團活動的形式，創辦這個專門蒐集戀愛話題的桃山商事時，不知道有多少次被別人當成怪咖，也不知道有多少次被人當面嘲笑說：「男生也會討論這種女孩子的風花雪月啊？」、「蒐集戀愛話題？那是什麼鬼？」、「肯定是別有居心吧？」

面對這些嘲笑與疑惑，如果不是用單位的名義來打團體戰，只靠我一個人肯定無法持續，更不可能會有這本書的出現。

這本書跟一般戀愛書籍不太一樣，所要討論的是除了單身時希望有人追以及有對象時希望被愛，這兩大主流戀愛話題之外的所有一切，甚至還包括了戀愛中的各種大小瑣事。

像是戀愛中的吃，或戀愛中的原生家庭等。因為我們相信，就像在吃燒烤時，除了熱門的牛五花與橫隔膜外，一定還有許多口感、不同特色的肉品部位值得品嘗。而戀愛中一定也有許多非主流、卻讓你感受深刻的不同議題值得討論（所以各位讀者在翻開本書時，首先映入眼簾的，正是那一頭範圍廣雜、話題各異的戀愛牛肉部位分解圖）。

本書中所收錄的每個案例，都是某個不同人生中的不同片段，故事裡有些人會生氣、憤怒，有些人不小心搞砸了某件事，又或是某人因為某個情境，而感到受傷或感到愉快，這些過程不分好壞，都是每個分享者的真實經歷，對我們來說也彌足珍貴。

如果只是僅僅當成茶餘飯後的閒聊話題，過不了多久，這些喜怒哀樂都將隨風而逝；但是透過我們用這樣的方式記錄下來，或許就能成為歷史的財產，為人類創造一點貢獻。

我們這幾個人懷著這樣的心情，進行戀愛話題的蒐集、分類與串接，也在其中發現了人生的意義。例如那些意想不到的情節，讓人腦洞大開、嘆為觀止；而那些強烈的情感共鳴，讓人得到宛如「對話高潮」般的療癒與興奮。這些刺激、悸動與療癒的感受，竟然只是在交談與分享中就能獲得，真是讓我想要大喊一聲：「能與大家一起分享戀愛話題，真是太棒了！」

今後，我們也將秉持著記錄與探索戀愛新紀元的心情，持續為大家蒐集各種戀愛中有趣的話題。只要你也對戀愛話題感興趣，歡迎你搜尋「桃山商事」，我們十分期待與各位在戀愛話題中相遇。

結語二 我與桃山商事相遇的契機

桃山商事組長／和子

大家好！我是桃山商事的組長和子，首先，非常感謝你拿起本書。或許有部分的讀者與觀眾會對我感到疑惑，例如：「桃山商事的成員不都是男性嗎？」、「這個忽然冒出來的女生是誰啊？」實在是很抱歉最後才向大家說明，但請容我簡單介紹一下我加入桃山商事的經過：

我在二〇一三年才知道桃山商事這個團隊，最初的接觸則是從 Podcast 開始的。因為從小愛聽廣播所養成的習慣，我長大後也時常收聽各式各樣的 Podcast。

記得某天正在更新一段我所喜歡的節目時，我一邊等待下載，一邊隨意瀏覽著平臺的其他內容，忽然看到一個分類為「情色」的標籤頁，於是就在好奇心的驅使下，我點開了分類頁面。

其中某節目的封面圖示是一顆大大的屁股，這立刻就吸引了我的注意，直到細看之後才發現原來是顆桃子啊。「情色」+「屁股」（應該說是像屁股的桃子），讓我有個衝動想聽聽看他們在討論些什麼，而這就是我跟「桃山商事——二軍廣播」節目相遇的契機。還記得當時只是隨便點了一集來聽，沒想到同一個屋簷下的其他男性室友們，竟然也都跟著我一起聽到捧腹不已，從此我就成為本節目的忠實聽眾了。

後來，因為一些機緣，我有機會在新宿一家非常時尚的餐廳裡，跟清田及佐藤廣報相約見面。當時我整個人超嗨，心裡不斷尖叫著：「我看到本尊了！我看到本尊了！」可能是當時情緒太過亢奮，我不只有點過度換氣，甚至連胃也翻攪了起來。就在彼此交換完名片並回到座位之後，我喉頭一梗，整個吐意翻湧了上來，於是我在親眼見到我所傾慕的電臺主持人五秒之後，就在他們面前吐得一塌糊塗。然後我躲進時尚餐廳的華麗廁所中，一邊打理全身、一邊懊惱又不甘心的流下眼淚來。

由於當天的狀況不太好，所以我幾乎記不得後來發生了什麼事。不過我萬萬沒想到我這個區區一個嘔吐的傢伙，竟然讓清田等人對我留下強烈的印象，甚至邀請我參加「二軍廣播」，以及二〇一七年讓我加入Niconico的直播節目，真可以說是因禍得福。

也因為這個緣分，讓我在加入桃山商事之後，能在Niconico的直播節目中與大家分享戀愛話題、能在「Cakes」網站中連載文章、還有機會參與本書的製作等。現在回想起來，人生的際遇真的是很難預料呢！

在我學生時期，因為自己沒有什麼戀愛與性愛的經驗，總自認為是「去死去死團的榮譽成員」，所以對那些在咖啡廳裡大聊戀愛話題的傢伙，我總是會惡狠狠的用眼神對他們執行死刑。沒想到在參與桃山商事之後，我扭曲的性格竟然產生巨大的變化，每天都覺得：「這些戀愛話題真是太有趣了！」、「哪裡還能多聽到一些別人的分享呢？」

這真的得要大大的感謝各位，能夠分享給我這麼多精彩又刺激的故事，尤其是我那個小騷貨室友Aba，以及大學時期各種奇形怪狀的同學們，當然還有源源不絕提供戀愛話題給我的靈魂伴侶醜八怪姊妹淘。以及最最重要的、在節目播出後留言給我們，每一個充滿溫暖、激發創意的觀眾與聽眾們。真的真的，非常感謝大家的照顧。

今後，也讓我們繼續在戀愛中，愉快的展開沒有盡頭的旅行吧！

結語三

本書的誕生

桃山商事專務／森田雄飛

感謝拿起本書，跟著我們一路讀到這一頁的你，謹由我來向大家簡單說明本書的出版過程：

這本書是從我們在網路上的連載專欄「桃山商事的戀愛傻瓜日記」，所重新增刪整理、匯集而成。而桃山商事的戀愛傻瓜日記，又是從我們在Niconico平臺上「桃山戀愛夜語」節目中所整理出來的精華內容，所以當然也傳承了二軍廣播中廣受歡迎的戀愛話題。

最初我們要把語音節目轉換為網路文章時，是由和子負責聽打內容，再由我來編寫成文章，並再次經過和子與清田的審定與校對後才發表。而本次要把網路文章集結成書時，則是先由我來初步擬定本書的整體架構，再編修成適合以書籍方式閱讀的文體，最後一樣由清田與和子進行修改與潤飾，才成為你眼中本書的樣子。

本書在決定要收錄哪些內容之前，我們全體成員都重新檢視過一次二軍廣播，並從中篩選出最經典的案例，以及加入部分全新的內容。這本書也是我們從桃山商事過往多年的戀愛主題中，反覆精挑細選出主題案例集結而成，所以本書中的每一篇，都是經過歲月凝鍊熟成的經典故事。

我們並不是要說長時間就能累積出好文章、好作品，而是這些戀愛案例都經過我們反覆多次的討論，每一次都能有新的發想，甚至每一次都能與不同時期的其他案例串聯或激發出新的觀點。

這些發現讓我們沉迷其中、無法自拔，更想把這些戀愛話題分享給每一個你。而今後我們也將繼續在戀愛的領域中，挖掘更多有趣的事物。

接下來，我本人想藉此機會向一些人表達感謝。首先是定期分享戀愛話題給我們的各位好朋友，特別是「永遠的前輩」以及「漁夫的女兒」。他們從我在二軍廣播時期，就像我私人顧問一般，給予我許多幫助，而各位在本書中，也能看到他們所分享的許多精彩故事。

另外，則是我最感謝也最尊敬的老婆，她總是能以寬容的態度，允許我將夫妻間的私密情趣攤開在大眾面前，例如鼻毛事件或做愛頻率等。而在本書的製作過程中，她也給我許多寶貴的建議。

接著，我要代表桃山商事感謝曾經給予我們許多幫助的貴人們。首先是一起創辦二軍廣播的初期成員——佐藤廣報，如果沒有他這本書也無法問世。接著是原任職於企業多玩國（DWANGO，Niconico 平臺母公司）的福永菜摘，他當時誠摯的邀請我們去 Niconico 平臺開辦節目；節目製作人山口博樹總是充滿熱情的幫助我們；以及從二軍廣播時期就開始關注我們的廣大桃粉們，發表了許多讓我們受到啟發的留言，也讓我們將這些內容收錄於書中。

還有總是以誠懇態度與我們相處的網站責任編輯榎本紗智，因為有他，我們那些用心撰寫的文章，才能在「Cakes」平臺持續連載。以及從前一本出版品《為了生存的戀愛相談》起，就一直很有耐心與我們合作的 Eastpress 出版編輯圓尾公佑。還有讓我們這本書增色不少的插畫家 Ozaki Emi 與「tobufune」的設計師岩永香穗，謝謝大家這麼用心的製作本書。以及 RHYMESTER 的宇多丸，為我們撰寫絕妙的推薦文。由於我從十多歲起，就是 RHYMESTER 的鐵粉，無論是每週六晚上播出的廣播節目《Tamahuru》或《Atoroku》，我都準時收聽，也拜讀過他所寫的《風暴輿論》一書，所以在看到偶像宇多丸所寫的推薦文時，幾乎讓我感動落淚，真的非常感謝。

最後，要感謝每位曾經到訪「失戀 Host」與我們交流的人們，謝謝你們願意與桃山商事分享你的戀愛話題，總之，衷心的謝謝各位！

◎本書收錄桃山商事於「Cakes」網路平臺所連載之「桃山商事的戀愛傻瓜日記」專欄（二〇一八年二月至二〇一九年三月），並經增刪彙整而成。

國家圖書館出版品預行編目（CIP）資料

除了有人追、有人愛，那些對方不告訴你的愛情真相。/ 桃山商事著 ; 方嘉鈴譯 . -- 初版 .
-- 臺北市 : 任性 , 2020.12
336 面 ;14.8 x 21 公分 . --（issue ; 25）
譯自：モテとか愛され以外の恋愛のすべて
ISBN 978-986-98589-9-1（平裝）

1. 戀愛　2. 兩性關係

544.37　109012777

WI025

除了有人追、有人愛，那些對方不告訴你的愛情真相。

作　　者／桃山商事
譯　　者／方嘉鈴
責任編輯／江育瑄
校對編輯／陳竑悳
美術編輯／張皓婷
副 主 編／馬祥芬
副總編輯／顏惠君
總 編 輯／吳依瑋
發 行 人／徐仲秋
會　　計／許鳳雪、陳嬅娟
版權專員／劉宗德
版權經理／郝麗珍
行銷企劃／徐千晴、周以婷
業務助理／王德渝
業務專員／馬絜盈、留婉茹
業務經理／林裕安
總 經 理／陳絜吾

出 版 者／大是文化有限公司
臺北市 100 衡陽路 7 號 8 樓
編輯部電話：（02）23757911
購書相關諮詢請洽：（02）23757911 分機 122
24 小時讀者服務傳真：（02）23756999
讀者服務 E-mail：haom@ms28.hinet.net
郵政劃撥帳號：19983366　戶名：大是文化有限公司

法律顧問／永然聯合法律事務所
香港發行／豐達出版發行有限公司 Rich Publishing & Distribution Ltd
地址：香港柴灣永泰道 70 號柴灣工業城第 2 期 1805 室
Unit 1805, Ph. 2, Chai Wan Ind City, 70 Wing Tai Rd, Chai Wan, Hong Kong
電話：2172 － 6513　傳真：2172 － 4355
E-mail：cary@subseasy.com.hk

封面內頁設計／林雯瑛　封面插畫／劉子瑜
印刷／緯峰印刷股份有限公司

2020 年 12 月 初版 Printed in Taiwan
定價／ 新臺幣 360 元（缺頁或裝訂錯誤的書，請寄回更換）
I S B N 978-986-98589-9-1